성균관대학교 무용학연구총서 VI

호흡표기법으로 배우는

태극구조기본춤

임학선 지음

호흡표기법으로 배우는

태극구조기본춤

임학선 지음

차 례

제1부 이론편

I. 기본춤

II. 태극구조기본춤의 성립

제2부 실기편

태극구조기본춤은

몸과 마음을 닦는 수신修身의 춤으로

인문학적 · 과학적 체계를 갖추고 있다.

꿈을 키워온 임학선 춤일생 60년_춤을 해부하다

태극구조기본춤 고안에서 교본에 이르기까지

　　기본춤 정립과 무용교본의 완성은 무용학계의 오랜 숙원사업이다. '기본춤'은 춤 입문과정에서 가장 먼저 학습하는 춤으로 매우 중요하다. 그러나 몸풀이 정도의 가벼운 춤으로 여겨온 것이 무용계의 현실이다.

　　기본基本이란 기초와 근본을 의미하는 것으로 기본춤은 바른 자세의 몸가짐뿐만 아니라 마음가짐을 정갈하게 하는 정신까지 포함하는 것이 본래의 모습이다. 무용교본 또한 단순한 춤동작의 설명이 아니라 춤동작원리의 제시가 전제되어야 하고, 춤어법을 익힐 수 있는 과학적 체계가 필요하다. 이러한 문제의 해결을 위해 고안된 것이 '태극구조기본춤'이다.

　　1998년 고안된 태극구조기본춤은 태극사상을 담은 한국창작춤기본으로 춤어법과 움직임원리가 제시되어 있으며 인문학적·과학적 체계를 갖추고 있다. 필자가 태극구조기본춤 창안에서 교본으로 완성하기까지는 '굿에서 태극 그리고 문묘일무'로 이어진 지난 50여 년간의 연구가 있었기에 가능하였다.

　　특히 춤사위 하나하나를 해부할 수 있는 '호흡표기법'은 몸속 에너지의 흐름을 분석, 움직임의 특성을 도출해낼 수 있는 방법으로 움직임의 기능과 예술적 표현을 향상시킬 수 있다. 미켈란젤로는 생동감 있는 조각을 위해 인체를 해부했고, 칸딘스키는 회화를 해부, 원리를 제시하는 이론적 체계를 세웠으며, 이세이 미야케는 편안한 옷을 만들기 위해 인체를 해부했다. 그러나 아직까지 움직임의 원리인 춤호흡의 신비를 해부할 수 있는 방법이 없기에 필자는 자긍심을 가져본다.

무용이 '도제徒弟식' 교육에서 대학교육으로 발전된 시대적 변화가 있었던 것이 60년 전의 일이다. 1963년 이화여대에 무용과가 처음 창설되었으며 우연이지만 필자가 춤을 시작한 해이기도 하다. 필자는 학부 시절 '창의적인' 무용교육을 통해 무용가의 꿈을 키워갈 수 있었다. 졸업 후 선후배가 서로를 보고 배우면서 새로움을 추구하던 시기, 20대 젊은 무용가들은 '이 시대 나의 춤'이라는 화두 아래 새로운 스타일의 창작춤을 처음 선보였다. 당시 젊은이들이 펼쳤던 춤문화 운동은 무용계의 흐름을 단숨에 바꾸어놓는 큰 충격이었으며, 50여 년 전의 그 작은 몸짓은 신무용과는 다른 '한국창작춤' 장르를 이 땅에 탄생시켰다.

20세기 전통춤에서 신무용을 거쳐 한국창작춤 시대가 도래되면서 한국창작춤을 수용할 수 있는 새로운 기본춤이 필요해졌다. 필자는 예술 활동뿐만 아니라 무용교육자로서 후학을 양성하는 일에 매진했다. 제자들과 함께하는 춤현장에서 순간순간 느껴지는 문제점 하나하나는 필자의 연구주제가 되었다.

이화여대 강사 시기(1976~1983)의 '춤어법' 개발, 수원대 재직 시기(1984~1998)의 '임학선호흡표기법' 고안 및 '태극구조의 한국춤원리' 규명 그리고 '태극구조기본춤' 고안, 성균관대 재직 시기(1998~2020)의 '춤철학' 구축으로 이어지게 됨에 따라 『호흡표기법으로 배우는 태극구조기본춤』의 교본으로까지 이어지게 된 것이다.

　　이와 같은 긴 여정은 필자의 춤인생이 '수신修身'의 과정이었음을 깨닫게 하는 의미 있는 시간이었으며, 기본춤 또한 몸과 마음을 닦는 수신의 춤이라는 결론을 내리게 되었다. 이렇듯 춤현장 경험에서부터 비롯된 연구는 매 순간 즐거움이고 보람이었다. 춤인생 60년이 되는 금년, 배움에서 연구와 실험과 검증을 거쳐 집약된 교본으로 빛을 보게 되었다. 『호흡표기법으로 배우는 태극구조기본춤』교본의 차별성이라면 인문학적·과학적 체계의 학습을 통해 예술표현의 무한한 가능성에 도전하는 '창의력'을 키울 수 있다는 점일 것이다. 이와 같은 학습방법은 우리춤의 정신을 되새기고, 나아가 학습자 스스로 춤 훈련법을 터득하게 됨에 따라 자신의 춤을 분석하고 체계화하는 방법론을 세우는 데 도움이 될 것이다.

　　기본춤을 통해 자신을 바로세우는 일은 수신修身으로 품격品格을 갖추어가는 길이기에 옛 성인께서 '학이시습學而時習' 즉 학습學習을 중히 여긴 이유일 것이며, 명무名舞가 되어서도 기본춤을 소홀히 할 수 없는 이유인 것이다.

2023년 11월
태극구조기본춤을 창안한 곳, 두리춤터에서

성균관대 무용학과 명예교수

제1부 이론편

태극구조기본춤은 태극사상에 기반하며

움직임원리와 구조를 분석하여 한국춤의 과학적 훈련체계를 마련,

인문학적 · 과학적으로 이해할 수 있도록 구성하였다.

I. 기본춤

기본춤

1. 기본춤의 역사

1) 기본춤의 정의와 유래

'기본춤'이란 한국춤 입문과정에서 가장 먼저 학습하는 춤이다. 기본기를 다지기 위해 처음에는 바르게 서는 자세에서부터 발 딛는 법과 팔 드는 법 등 기본적인 움직임을 배우기 시작하여 차츰 다양한 동작을 익히게 된다. 또한 춤을 배울 때는 머리를 하나로 묶고 옷매무새를 단정하게 한다. 이는 한국춤의 근본이 되는 배움의 예禮를 갖추는 것으로 기본춤은 바른 자세의 몸가짐 뿐만 아니라 마음가짐을 정갈하게 하는 정신까지 포함한다.

춤은 인류가 가장 먼저 창조한 예술형태'로, 선사시대에서 역사시대로 변화되는 시대의 흐름과 더불어 발전해왔다. 그렇다면 기본춤의 시작은 언제부터였을까? 그 기원이나 역사에 대한 물음에는 쉽게 답하기 어렵다. 따라서 필자는 춤의 역사와 유래를 고문헌 『시서詩序』, 『예기禮記』, 『반궁예악전서頖宮禮樂全書』
기록에 근거하여 살펴보고, 이를 통해 기본춤에 담긴 철학적 의미를 찾아보고
자 한다.

첫째, 『시서』에서 살펴보면 옛사람들이 '본능적으로 손짓 발짓하며 춤추
었던 모습'을 엿볼 수 있다. "시라는 것은 뜻을 표현해낸 것이다. 마음속에 있으
면 뜻이요, 말로써 표현해내면 시가 된다. 감정이 마음에서 움직여 말로써 나
타나는데, 말로써 부족하여 감탄하게 되고, 감탄하는 것으로 부족하여 길게 노
래하게 되고, 길게 노래하는 것으로 부족하여 저도 모르게 손으로 춤추고 발로
춤추는 것이다." 이는 손이 너울너울 춤추고 발이 뛰며 춤춘다고 하는 '수무족
도手舞足蹈'로, 이것이 곧 '춤의 시작'이었음을 알 수 있다. 옛사람들은 손이 춤추
는 것을 '무舞'라 하고, 발이 춤추는 것을 '도蹈'라 하여 무도舞蹈, 즉 오늘날의 무
용舞踊이 되었다.

둘째, 『예기』에서는 '악樂의 개념과 기원'에 대해 말한다. "음音이란 인심人
心에서 비롯되는 것으로 사람의 마음은 천지자연에 존재하는 만물에 감응하여
움직이게 되는데, 그 마음의 움직임은 소리聲로 형상되고 그 소리가 변화하여 음
의 틀을 갖추게 되어 여러 음을 배열하는 것이 음악으로 연주된다. 이 연주에 맞
춰 방패, 도끼, 꿩깃, 깃대를 들고 춤추는 것에 이르는 것을 비로소 악"이라 하
였다. 역사적으로 전해지는 '악'의 개념은 음악만을 지칭하는 것이 아니라 악가
무樂歌舞를 총칭하는 말로 춤추고 노래하고 연주하는 것이 모두 '인심人心', 즉 마
음에서 비롯된다는 것임을 알 수 있다. 이 부분에서 중히 살펴야 할 것은 노래
와 연주에 반드시 춤이 더해져야만 비로소 악으로 완성된다는 것인데, 그것은
음악에 맞추어 춤을 출 때 '방패 · 도끼 · 꿩깃 · 깃대'의 상징도구를 사용하여 마

음을 表現하였다는 것이다.

셋째, 『반궁예악전서』의 기록에는 "춤은 덕德을 표상할 뿐만 아니라 가르침도 있다."[9] 하여 춤의 철학적 의미에 대해 이야기한다. 고대동양에서는 왕세자와 귀족자제들에게 어려서부터 악가무의 예술교육을 통해 '공손한 태도와 공경한 마음'을 지녀서 실천할 수 있도록 예의범절을 가르치는 것이 교육의 최고목표였다. 공손한 태도는 상대를 대할 때의 몸짓이다. 그 몸짓은 공경한 마음에서 비롯되는 것임으로 먼저 자신을 낮추는 배려의 마음을 지닐 수 있어야 한다. 이는 사람들 간에 마땅히 지켜야 할 일상의 예의범절로, 이러한 태도와 덕목을 가르치기 위해 만든 춤이 바로 '문묘일무文廟佾舞'이다.

문묘일무는 기록으로 전하는 가장 오래된 춤[7]으로 기본춤적 성격을 지니는 춤이다. 이 춤은 문묘제례文廟祭禮인 석전대제釋奠大祭[8]를 지낼 때 추며 스승과 제자가 학문을 탐구하면서 서로가 마음을 주고받는 예禮, 즉 '수수지례授受之禮'[9]를 표상한 춤이다. 수수지례는 본시 고대동양의 군신지간인 요임금과 순임금이 서로 주고받았던 마음에서 비롯된 것으로 '공경·사양·겸양'[10]을 '삼진삼퇴'[11]의 춤사위로 표현하는 것이 핵심이다. 이러한 춤사위는 삶의 철학을 상징하는 몸짓으로 사람들이 지켜야 할 도리를 가르치고자 만든 것이다. 다시 말해 예의범절을 춤사위로 익히고 자신의 마음을 다스려 성정性情을 바로 할 수 있도록 한 것이다.

이상에서 살펴본 바와 같이 춤은 '신神'을 절대시하던 시대로부터 '황제皇帝'를 최고로 여기던 시대 그리고 '사람人'을 귀히 여기는 시대[12]를 거치며 행해진 '제례祭禮'의 발전과 더불어 변화를 거듭하며 성장하였다. 처음 본능적인 손짓 발짓으로 자신을 나타내던 춤이 예를 상징하는 악가무의 체계를 굳건히 하는 표현

수단으로 행해졌고, 인문정신이 도래되면서 서로를 존중하고 배려하는 마음을 춤에 담게 된 것이다. 결국 본능적인 춤에서 몸과 마음을 닦는 '수신修身'의 철학적 의미를 지니는 춤으로 점차 발전을 이루게 된 것임을 알게 한다.

2) 기본춤의 의미

모든 분야에서 기본基本 과정이 가장 중요하듯이 무용도 마찬가지이다. 그러나 무용에서 기본이라고 하면 몸풀이 정도의 가벼운 춤으로 여겨온 것이 일반적이며 진지하게 거론된 적이 거의 없는 것 같다. 춤의 유래를 통해서 살펴본 바와 같이 기본춤은 몸과 마음을 바르게 하여 심신心身의 조화를 이루는 수신의 의미를 지닌다.

수신이란 마음과 행실을 바르게 닦아 수양하는 것으로 수신의 춤 교육 역사는 고대동양에서부터 비롯된다. 예禮를 행하는 예절교육을 통해 몸을 다스리고, 춤추고 노래하고 연주하는 악樂의 교육으로 마음을 다스릴 수 있도록 하였다. 이것은 "예로써 자신을 세우고立於禮 악에서 인격완성을 이룬다成於樂."[13]고 하는 '예악禮樂' 교육이다. 예와 악은 당시 학생들의 필수교과목으로 예절禮, 춤・노래・연주하기樂歌舞, 활쏘기射, 수레 타기御, 글쓰기書, 셈하기數의 여섯 과목인 육예六藝를 가르쳤다. 이 중 가장 중히 여겼던 과목이 예와 악이었으며 악은 오늘날의 예술교육에 해당한다.

겉으로 드러나는 예는 마음으로 악을 행할 때 비로소 의미가 있는 것이다. 때문에 옛사람들은 예를 상징하는 몸짓을 춤으로 만들어서 익히고 실천할 수 있도록 교육하였다. 오늘날의 기본춤도 이와 마찬가지로 몸가짐을 반듯하게 함으로써 마음가짐을 바르게 할 수 있다는 깊은 뜻을 내포하고 있다.

2. 시대흐름으로 본 20세기의 기본춤

20세기 기본춤을 살펴보면 오랜 세월 전통적으로 이어져 내려오며 전해진 것이 있고 현대예술이 대두되면서 새롭게 창안된 것이 있다. 전통춤 중에서 기본춤 개념으로 바라볼 수 있는 춤은 구한말 권번을 중심으로 이어진 '입춤'이 있고, 20세기 초 창안된 신무용기본인 최승희의 '조선민족무용기본'(1954)과 20세기 말 창안된 한국창작춤기본인 임학선의 '태극구조기본춤'(1998)을 대표적으로 꼽을 수 있겠다.

1) 입춤

'입춤'은 기본춤적인 성격을 지니는 전통춤이다. 한자로 '입무立舞'[14]라 기록하는데 '立'이란 '세우다'의 의미이다. 춤을 통해 자신을 바로 세운다는 의미를 내포하고 있는 입무는 '몸과 마음을 바르게 한다'는 깊은 뜻이 담겨 있다. 후세에 교훈이 될 만한 말이라는 뜻인 '입언立言'과 같이 입춤은 후세에 모범이 될 만한 춤이라는 의미 또한 담고 있다.

전통적으로 전해져온 입춤은 20세기 초 각 지역의 권번에서 주요 교습종목으로 행해졌다. 과거 춤꾼들은 춤 입문과정에서 입춤을 가장 우선시하였고, 이를 통해 예악법도를 체득해야 했다. 입춤은 처음 맨손으로 추기 시작하여 어느 정도 익숙해지면 작은 수건이나 소고 또는 부채 등을 들고 추는 것을 배우게 된다. 이와 같은 학습과정으로 인해 소도구를 표현의 상징도구로 사용하는 춤이 많이 남겨지게 되었다.

20세기 초 명고수였던 한성준[15]은 춤에 관심을 갖고 각 지역에 산재해 있던 전통춤 요소들을 추출하여 레퍼토리화함으로써 한국춤의 기반을 세우게 되었다. 당시 그는 입춤인 '즉흥무'를 춤꾼들에게 각별하게 가르쳤다고 한다. 오늘날 한국춤의 아버지로 추앙받고 있는 한성준의 대표작인 '승무'와 '태평무'는 국가무형문화재로 지정되었고, 작은 수건을 들고 추는 입춤(즉흥무)이 경기지역 문화재춤으로 지정되어 전승되고 있다.

입춤은 방이나 마루 등 좁은 공간에서 춤추는 사람과 이를 보는 사람이 서로 교감하며 삶의 애환을 나누던 춤이었다. 이는 시대의 민족적 정서가 잘 반영된 춤으로 한국 고유의 사상인 태극 음양사상이 담겨 있다. 오늘날의 입춤은 춤의 정신과 법도가 미약해지는 경향이 있지만 무대화되면서 레퍼토리로 자리매김하는 추세이다. 춤의 이름도 다양해져 즉흥무, 굿거리춤, 교방굿거리춤, 수건춤, 살풀이춤, 소고춤, 산조춤 등으로 불리고 있으며, 춤꾼의 즉흥성이 가미되어 춤추는 모습도 각자의 개성에 맞게 변화·발전되었다.

2) 조선민족무용기본

최승희의 조선민족무용기본은 한국 최초의 신무용기본이다. 20세기 초 한국무용계는 세계적인 무용가 최승희의 출현으로 새 시대를 맞는다. 1926년 일본의 현대무용가 이시이 바쿠石井漠의 경성공회당 공연을 기점으로 한국에 '신무용'이 처음 등장하였다. 이를 관람한 최승희는 일본으로 건너가 그에게 현대무용을 사사하였고, 이후 한국춤에도 관심을 갖고 한성준에게 짧은 기간 한국춤을 배웠다고 한다. 서구 및 일본으로부터 외래문물이 유입되면서 새로운 것에 대한 동경과 한국적인 것은 진부한 것이라는 생각으로 예술계는 혼돈스러운 상황이었다. 이 시기 민족적인 요소들이 포함된 그녀의 새로운 스타일의 공연은 대중들로부터 큰 인기를 끌며 대성공을 거두었다. 최승희라는 인물을 통해 신무용예술사조가 등장하게 되고 한국무용계도 큰 변화를 겪게 되었다.

　　최승희는 예술혼을 불태우며 자신의 창작활동을 토대로 조선민족무용기본을 완성[18]하기에 이른다. '조선무용기본동작'(1946~1949)에 이어 '조선민족무용기본'(1958)과 '조선아동무용기본'(1964)을 완성하였다. 신무용기본은 최승희의 제자인 한국의 신무용가들에 의해 재구성되고 발전되어 널리 보급된다.

　　최승희의 무용기본은 상체와 하체의 신체부위 동작을 단계적으로 익히는 훈련체계이다. 맨손으로 추는 입춤기본을 먼저 익힌 다음, 부채·소고·수건·칼 등의 소도구를 들고 추는 소도구기본을 훈련하도록 되어 있다. 이 같은 학습방법은 과거의 입춤과 동일한 훈련방법으로 전통성을 중시한 것이다. 다양한 소도구를 사용하게 됨에 따라 상체나 팔동작을 많이 움직이는 춤사위가 특징이다. 조선무용의 재창조라는 확고한 신념으로 정립된 조선민족무용기본은 20세기 한국춤 최초의 무용교본敎本으로 다양한 분야의 탐구와 논리적 근거에 입각하여 완성되었다는 점에서 교육적 가치를 지닌다.

　　최승희는 세계가 극찬하는 무용가로 이름을 날렸으며 동양무용의 기본체계를 세우는 막강한 영향력을 발휘하였다. 그녀의 춤기법을 이은 한국의 신무용은 초기 독무형식의 춤에서 무대춤으로 본격화되면서 군무로 확대되고, 그것이 국립무용단을 중심으로 스토리텔링의 무용극 형식의 예술작품으로 대형화되면서 발전을 거듭하게 된다.

3) 태극구조기본춤

　　임학선의 태극구조기본춤은 우리 고유의 태극사상을 담은 한국창작춤기본이다. 1970년대 중반 한국무용계는 신무용을 넘어서는 새로운 창작춤을 추구하는 변화가 일어났다. 아카데미즘을 지향한 이화여대 출신의 20대 젊은 무용가들은 '이 시대 나의 춤'을 표방하며 창작활동을 시작하였다. 이것이 '한국창작춤' 사조[19]를 탄생시킨 시발점이 되었으며, 창작춤 활동이 본격화되면서 이를 수용할 수 있는 새로운 기본춤이 필요해졌다.

한국창작춤 1세대로 당시 젊은 무용가그룹을 이끌었던 임학선은 우리 전통춤의 근원과 원형, 우리춤의 뿌리 찾기의 일환으로써 무속[20]과 태극[21]을 연구하였다. 무속춤 연구에서는 원초적인 춤동작기법을 창작춤에 녹여내면서 한국춤의 대표적인 춤사위인 '필체筆體, 학체鶴體, 궁체弓體'의 춤어법(1983)을 찾게 되었고, 전통춤의 대가인 한성준춤 연구를 통해 태극원리에 입각한 '한국춤의 원리와 구조'(1997)를 분석하였다. 창작춤 활동이 본격화되던 시점에서 이를 수용할 수 있는 기본춤이 필요해진 가운데 임학선의 연구는 새로운 개념의 한국창작춤 기본 창출로 이어졌으며 이것이 태극구조기본춤(1998)이다.

이는 한국춤의 원리와 구조분석의 토대가 된 태극구조기본춤 '틀' 확립과 창작춤 활동이 동반되었기에 가능했으며, 춤의 내적 흐름을 표기할 수 있는 '호흡표기법'(1997)[22]을 고안하여 춤사위 분석연구에 활용함으로써 무용교육의 과학화로 이어졌다. 이후 문묘일무[23] 연구를 통해 한국춤의 사상과 정신을 구체화함으로써 태극구조기본춤의 인문학적·과학적 체계를 갖추게 되었다.

'호흡표기법'으로 배우는 태극구조기본춤은 기존의 따라하기 방식의 훈련체계와는 다르게 '호흡주기'[24]에 따라 길거나 짧게, 크거나 작게, 강하거나 약하게 변화되는 움직임을 다양화시키는 훈련체계이다. 척추의 움직임을 기준으로 하고 있는 춤사위는 회전이 가능한 움직임을 극대화한 것으로서 매우 입체적이다. 호흡의 길이와 크기와 강약을 조절하는 '리듬호흡'[25]을 중시함으로써 춤사위

가 인위적이지 않고 생동감이 넘치며 호흡으로부터 생성되는 감정표현 또한 꾸
밈없이 자연스럽다. 이러한 움직임의 태극구조기본춤은 자연의 이치를 담은 태
극원리를 따른 것이다.

임학선은 아카데믹한 소양과 업적을 지닌 무용가로 극히 제한적이던 한
국춤의 소재를 실제 다양화하여 상징적 이미지를 극대화하는 표현기법(Mini-
malist Maxim)[26]을 창출하였다. 이는 민족적 차원을 넘어서는 현대성을 추구한
것으로서 당시 신선한 예술적 성장으로 이어졌다. 한국창작춤의 상징적 특성을
반영하는 임학선의 춤은 21세기 새로운 현대성의 면모를 갖추어가는 활동을 통
해서 더욱 주목받고 있다.

앞서 살펴본 세 종류의 기본춤을 통해 20세기 100여 년에 걸쳐 변화·
발전되면서 정착된 기본춤의 흐름과 특성을 간략하게 살필 수 있었다. 입춤은
무대화됨에 따라 한국전통춤 자산이 풍부해지는 계기가 되었다. 최승희의 조선
민족무용기본은 조선무용의 재창조라는 맥락에서 민족적 특성을 함축한 춤으로
신무용의 모태가 되었다. 임학선의 태극구조기본춤은 한국춤 현대화의 전형을
제시한 것으로서 예술적 특성을 반영한 한국창작춤의 모태이자 21세기 무용발
전의 기본토대가 되고 있다.[27]

이렇듯 기본춤은 단순히 몸풀이 성격의 기본동작 훈련에 한정하는 것이
아니라 창작의 기반이 되는 가장 중요한 춤이다. 기본춤을 교육적 관점으로 바
라봤을 때, 입춤은 전통적으로 태극 음양의 원리와 기본춤적인 기법을 담고 있
기에 연구대상으로서 가치가 있다. 또한 조선무용의 재창조라는 확고한 신념하
에 창안된 최승희의 조선민족무용기본은 한국무용의 기본체계를 확립하는 계

기가 되었다. 그리고 한국창작춤까지 수용할 수 있는 새로운 개념의 기본춤을 강조한 임학선의 태극구조기본춤은 인문학적·과학적 이론을 제시한 기본춤이라는 점에서 교육적 가치를 찾을 수 있겠다. 20세기의 기본춤 100년을 살펴보면서 전통춤에서 신무용과 한국창작춤으로 이어진 한국춤의 흐름과 특성을 엿볼 수 있게 된다.

II. 태극구조기본춤의 성립

1. 태극구조기본춤의 창안배경

2. 태극구조기본춤의 이론적 배경

태극구조기본춤의 성립

1. 태극구조기본춤의 창안배경

1) 새로운 기본춤의 필요성

　　필자는 전통춤에서 신무용 그리고 한국창작춤의 사조로 이어지는 과정을 모두 경험하였다. 1970년대 중반부터 '이 시대 나의 춤'을 표방하며 새로운 창작춤을 추구하는 변화가 일어나면서 한국창작춤 활동이 본격화되었다. 이후 한국창작춤의 기반을 세울 수 있는 기본, 현대화된 다양한 움직임을 수용할 수 있는 새로운 기본이 필요해졌다. 이러한 필요성에 의해 태극구조기본춤의 고안考案이 시작되었다.

태극구조기본춤은 그간의 배움과 연구, 그리고 창작활동을 통한 고뇌에서 비롯되었다. 이 모든 과정들의 경험에서 얻게 된 깨달음으로부터 새로운 춤 어법을 만들어내게 되었고 춤사위, 춤기법, 동작선, 호흡의 구조를 갖춘 체계적인 기본의 창안으로까지 이어지게 된 것이다.

전통춤을 배우던 시절, 선생님들께 "우리춤은 태극 음양의 춤이다."라는 말을 많이 들었다. 손바닥을 뒤집고 엎는 동작이 음양의 춤사위이고, 양팔을 번갈아 돌리며 원을 그리는 동작을 태극사위라 하였다. 특히 "3,000개의 뼈 마디마디를 움직여야 춤이 된다."라고 전해지는 한성준 선생의 말을 그의 수제자인 한영숙, 강선영 선생에게 공부하면서 직접 들을 수 있었다.

태극 음양의 춤 그리고 몸속 뼈 마디마디를 움직여야 춤이 된다고 한 그 말이 오랫동안 귓가에서 맴돌았다. 그 말의 참뜻을 알려면 우리춤의 실체를 알아야겠다는 생각이 들었다. '우리춤은 어떤 춤인가?'라는 스스로의 질문에 막막하기만 했다. 우리의 정서를 담은 대표적인 춤사위는 무엇이고 우리춤의 기법은 무엇인지. 더욱이 한국춤은 호흡이 중요하다고 누구나 말하는데 그 호흡은 왜 중요하고 어떻게 이해해야 하는지. 우리춤의 특성인 곡선미의 동작선을 미학적으로 풀 수 있는 방법에 대한 생각, 즉 춤사위, 춤기법, 동작선, 호흡의 구조적인 관계를 어떻게 설명할 수 있을지에 대한 고민이 많았다.

이러한 물음의 답은 전통적인 뿌리에 숨겨져 있을 것이라는 생각에서 그동안 공부한 무속춤과 전통춤에서 찾아보고자 하였다. 대학원 시절 인왕산 꼭대기에 위치한 굿당인 국사당을 오르내리며 무속춤을 공부하면서 직접 보고 듣고 느껴지는 춤사위 분석연구가 첫 발걸음이었다.

무당들은 천의 얼굴을 가진 연기자였다. 그들은 희로애락을 자유자재로 표현하고 사람들을 거침없이 들었다 났다 해내면서 모두를 웃고 울게 만들었다. 이 시기 무용은 대부분 활짝 웃는 인위적인 웃음에 부드러운 곡선의 예쁘고 아름다운 춤을 추구하였다. 필자는 굿판에 모인 구경꾼들이 무당의 춤과 연기력에 집중하면서 감탄하는 모습을 보며 '신들린 무당처럼'[28] 춤을 출 수 있다면 관객과 더 가까이 소통할 수 있을 것이라는 생각이 들었다. 굿판에서의 경험은 춤을 새로운 시각에서 바라보는 계기가 되었으며, 무속춤의 특징을 창작춤에 녹여내면서 척추의 움직임을 이용한 새로운 춤어법을 창출함으로써 몰입으로 관객들의 시선을 사로잡았다.

이후 한국춤의 '뿌리木'를 찾기 위한 연구를 본격화하였다. 한성준춤을 대상으로 '필체 · 학체 · 궁체'의 춤사위 구조, '맺음 · 어름 · 풀음'의 춤기법 구조, '점 · 선 · 원'의 동작선 구조, '들숨 · 날숨 · 멈춤'의 호흡 구조를 분석하여 전통적 춤어법을 개념화하고 한국춤의 원리와 구조를 처음 밝히게 되었다.[29]

무속춤과 전통춤 연구를 통한 깨달음과 한국창작춤 활동으로 새로운 춤어법을 모색하게 된 것은 한국춤의 기본틀, 즉 '태극구조기본춤 틀'을 구성하는 데 가장 중요한 기반이 되었다. 필자의 춤어법 필체 · 학체 · 궁체의 춤사위는 척추를 '직선에서 곡선과 원형'으로 움직이면서 몰입으로 빠져드는 한국창작춤의 메소드를 제시한 것이다. 이러한 춤어법은 독무 〈새다림〉(1983)에서 기념비적인 작품 〈인다리〉(1985)[30] 외 여러 작품들로 이어지면서 미학적 표상구조를 확고히 하게 되었다. 이렇듯 무속춤 연구는 민속예술의 독특함을 상징적이면서도 현대적 어법으로 변용시키고, 경험했던 과거의 유산을 창의적으로 표현하는 독특한 혼합을 연출하면서 독자적인 춤어법의 방향을 굳건히 하는 계기가 되었다.

신무용에서 한국창작춤으로 사조가 변화하는 시점에서 결국은 동시대의 춤을 반영할 수 있는 기본춤에 대한 갈증이 새로운 한국창작춤기본으로 이어지게 되었다. 우리춤의 뿌리를 찾기 위한 무속춤과 전통춤 연구, 그리고 활발한 창작춤 활동의 결과물로 새로운 춤어법을 창출, 태극구조기본춤을 창안하게 된 것이다.

2) 무용교본의 필요성

기본춤 정립과 무용교본의 완성은 무용학계의 오랜 숙원사업이다. 바람직한 무용교본은 과거 따라하기 식의 이해나 교육이 아니라 춤동작원리의 제시가 전제되어야 하고, 그 원리에 기준하여 춤어법과 춤기법을 익힐 수 있는 체계가 필요하다.

역사적으로 전해지는 무용교본 중 가장 오래된 것은 '문묘일무의 무보舞譜'이다. 이는 무용교본으로서의 체계를 갖추고 있는 귀중한 자료로 예禮를 상징하는 몸짓 하나하나를 춤어법으로 체계화하여 그림으로 그려놓았다. 뿐만 아니라 춤사위에 내용을 문자로 상세히 기록하여 세월이 흐른 오늘날에도 춤추는 방법, 춤의 원리, 철학적 의미 등을 파악할 수 있도록 하였다. 음악의 악보를 통해 과거 작곡된 명곡을 현재 연주할 수 있듯이, 무용은 무보의 춤사위를 복원하여 그 춤의 전통과 역사를 이어갈 수 있는 것이다. 이처럼 교본은 매우 중요하다. 일반적 교육현장과 같이 실기 중심의 무용교육현장에서도 교본은 반드시 필요하므로 기본춤 교본에는 체계적으로 배울 수 있는 춤어법과 움직임원리와 기법 등이 제시되어야만 한다.

앞서 언급한 바와 같이 태극구조기본춤 교본은 그간의 연구를 토대로 한다. 필자는 연구성과를 춤현장으로 연계하여 실기현장을 굳건히 하였고, 이것은 또다시 새로운 이론을 구축하며 창의적으로 응용되어왔다. 춤현장의 활동으로부터 이론적 체계를 세우고, 그 이론은 또다시 연구과제가 되는 재생산적인 연구방법이 지속적으로 이어져온 것이다. 이는 학문적으로 매우 '도전적인 것'[32]이었다. 춤어법을 구축하게 된 무속춤 연구로부터 태극구조기본춤의 틀을 규명한 한성준춤 구조분석 연구 이후, 가장 오래된 무용교본인 문묘일무보[33]의 춤사위 하나하나를 분석하는 연구에 매진한 것이 태극구조기본춤 교본으로의 체계를 갖추는 기반이 되었다.

무용평론가 이상일은 임학선 작가데뷔 20주년 기념공연(1998)에서 초연된 태극구조기본춤을 본 후, "무용기본법의 당위성과 임학선 춤의 태극구조"[34]라는 글을 남겼다. 이 글에서 '무용의 교본은 원리의 제시'임을 강조하며 21세기 무용계의 막중한 과제임을 언급하였다. 무용의 기본법은 무용언어와 무용문법을 적어놓은 과학이다. 따라서 그것은 철저히 객관적이어야 하며, 교본이 되려면 체계적 논지가 명증해야 한다는 관점에서 다음과 같이 언급하였다.

첫째, 임학선의 태극구조기본춤은 과학적 객관성을 제시하고 있다. 무엇보다도 필체 · 학체 · 궁체의 춤사위 유형 구조와 맺음 · 어름 · 풀음의 춤기법 구조, 그리고 점 · 선 · 원의 동작선 구조와 들숨 · 날숨 · 멈춤의 호흡 구조를 연계시켜 태극구조의 기본틀을 마련한 것이 이론적 체계로 설득력을 갖는 것이다.
둘째, 대체로 각종 무용기법들이 몸 만들기를 전제로 하는 데 비해 임학선무용의 기본틀은 균형감각, 호흡감각, 신체적 유연성과 근육강화, 긴장과 이완 및 상승과 낙하의 조절을 위하여 다양한 한국무용기법을 12단계로 묶고 그 12단계 하나하나마다 필체·학체·궁체의 춤사위 유형으로 순환시켜 36가지 춤동작을 전개시켜 낸다. 그렇게 되면 연관성 있는 동작을 하나로 묶어서 정적인 동작과 동적인 동작이 적절하게 결합되어 연속적인 움직임이 가능해져서 무용언어의 문법이 이루어지고 그 문법에 따라 무용언어가 문장이 되고 시가 되고 드라마가 될 수 있는 것이다. 그런 의미에서 태극구조기본춤은 필체·학체·궁체의 합체合體로 한국적, 동양적 태극의 원리를 설명하고 해석하고 전개시키는 논리적 바탕을 갖게 되는 셈이다.

셋째, 임학선무용 기본틀이 갖는 장점은 그런 문법과 언어로 얼마든지 표현기법, 곧 무용의 문장을 다듬어 나갈 수 있다는 것이다. 따라서 이 무용의 기본기법은 춤본이나 기본틀, 기초춤과 같은 이름을 딴 '작품'이 되어서는 안 되고 작품을 만들어내는 바탕으로서의 엄연한 교본이라는 사실에 긍지를 가져야 할 것이다.

모든 교육에서 기본기가 가장 중요하듯 무용교육의 첫 단계인 기본춤도 마찬가지이다. 기본체계가 잡히지 않으면 발전에 한계가 따르기 때문에 기본춤을 가르치고 배우는 것에 신중을 기해야만 한다. 이러한 관점에서 본다면 태극구조기본춤의 교본은 '춤어법 체계화'[35]를 통해 자신의 춤세계를 펼칠 수 있는 능력과 기본춤에 대한 인문학적·과학적 이해를 통해 창의력을 키울 수 있다는 점에서 의미를 찾을 수 있을 것이다.

2. 태극구조기본춤의 이론적 배경

1) 태극구조기본춤의 연구방향

태극구조기본춤은 1998년 임학선에 의해 창안된 기본으로 한국창작춤을 수용할 수 있는 기본춤의 필요성과 무용교육의 체계 정립을 위한 목적에서 출발하였다. 그 당시 필자가 생각했던 새로운 기본춤은 동시대적 흐름을 수용하는 것으로서 창의적인 춤어법 확보와 한국춤 원리와 구조의 이해를 돕는 기본 틀 규명을 중요시하였다.

필자는 무속적 요소를 창작춤에 녹여내면서 '필체 · 학체 · 궁체'[※]의 독자적인 춤어법을 찾게 되었으며, 이후 한성준의 춤 구조분석을 통해 춤사위를 체계화하여 태극구조기본춤 고안에 이르게 되었다. 무속춤에 이어 전통춤을 연구한 것이 태극구조기본춤의 이론적 체계를 갖추게 된 배경이다. 춤사위 분석연구방법론으로 호흡을 내적으로 표기하는 '호흡표기법'을 고안하여 춤사위, 춤기법, 동작선, 호흡의 유기적인 관계를 분석함으로써 한국춤의 원리와 구조적 체계를 확고히 하는 '태극구조기본춤 틀'을 규명하여 제시하였다.

태극구조기본춤에서는 춤동작의 원천적 요소인 '호흡'에 대한 이해가 가장 중요하다. 우리춤의 호흡은 들이쉬고 내쉬는 호흡 외에 잠시 멈추는 호흡이 있다. 그것은 일상적인 호흡과는 다른 것으로 호흡을 일정하게 하는 것이 아니라 의도적으로 들숨과 날숨 외에 숨을 잠시 멈추어줌으로써 호흡의 변화를 유도하는 리듬호흡이다. 이는 춤의 성격을 결정지어주는 중요한 요인으로써 춤꾼 자신의 리듬호흡을 활용하는 능력을 기르게 되면, 표현하고자 하는 춤사위를 자유자재로 만들 수 있으며 자신만의 창의력을 발휘하여 개성을 찾아가게 된다.

여기서 중요한 것은 춤에서 필요로 하는 호흡을 이해하고 훈련하는 방법이다. 태극구조기본춤은 움직임의 시간·공간·힘의 변화를 호흡표기법으로 기록, 이를 통해 호흡을 이해할 수 있을 뿐만 아니라 테크닉과 예술적 표현을 향상시킬 수 있는 과학적 체계의 훈련이 가능하다. 이렇듯 태극구조기본춤은 호흡표기법의 이해를 통해 과학적으로 접근할 수 있는 기본춤이며, 자신의 호흡법으로 춤을 추고 그것을 창의적으로 활용할 수 있는 훈련법과 지도법을 배울 수 있다는 점에서 기존의 방식과 차별성을 지닌다.

2) 태극구조기본춤 틀 분석

태극구조기본춤 틀은 전통적으로 이어져온 한성준의 춤을 대상으로 하여 한국춤의 '뿌리'를 찾아 우리춤의 '틀'을 구체화시키고 '실체'를 규명하는 방향에서 접근되었다. 춤사위 구조, 춤기법 구조, 동작선 구조, 호흡 구조로 형성되는 구조적 틀을 분석하였다.

춤사위 구조	춤기법 구조	동작선 구조	호흡 구조	태극
필체	맺음	점	멈춤	
학체	어름	선	들숨	☯
궁체	풀음	원	날숨	

〈표1〉 태극구조기본춤 틀[67]

첫 번째 연구단계는 '필체·학체·궁체'의 춤사위 구조분석이었다. 한국춤의 춤사위 유형은 구전으로 전해지는 용어에서 찾고자 하였다. 한성준류 춤에

　　남아 있는 용어를 모두 분석한 결과 필체, 학체, 궁체를 추출하게 되었다. '필체'는 붓글씨를 상징한 동작으로 직선적인 움직임이고, '학체'는 학이 날개를 펴듯이 동작하는 곡선적인 움직임이고, '궁체'는 활의 모양처럼 팔을 둥글게 사용하는 원형적인 움직임이다. 이 세 가지의 춤사위가 우리의 정서를 담은 상징적 춤사위임을 파악하였다.

　　두 번째 연구단계는 '맺음 · 어름 · 풀음'의 춤기법 구조분석이었다. 이 또한 구전으로 전해지는 용어에서 찾았다. '맺음'은 숨을 들이쉬고 잠시 멈추는 상태의 기법이고, '어름'은 숨을 들이마신 상태의 움직임 기법이고, '풀음'은 숨을 내쉬는 상태의 움직임 기법이다. 한국춤 기법은 이외에도 다양하지만 맺고 어르고 푸는 기법이 대표적인 춤기법임을 알게 되었다.

　　세 번째 연구단계는 '점 · 선 · 원'의 동작선 구조분석이었다. 태극구조기본춤의 점선원의 동작선 구조는 20세기 미술의 거장 칸딘스키(W. Kandinsky)의 점선면 이론을 무용이론으로 차용한 것이다. 필자는 평면미술에서의 면을 무용공간의 원으로 이해하였다. 그림은 사각형의 캔버스에 그리게 되지만 춤은 면이 아니라 무한대의 공간에서 이루어지는 특성으로부터 착안한 것으로, 그동안 풀지 못했던 한국춤 동작선 구조의 이론적 체계를 세우게 되었다. 서양적 사고로 보면 원과 면은 서로 다른 두 개이지만, 동양적 사고에 의하면 원 안에 면이 존재하므로, 원과 면은 각각 다른 것이 아니라 하나이다. 타 예술장르의 이론을 우리춤에 창의적으로 응용함으로써 미적 특성을 풀 수 있게 되었다.

　　네 번째 연구단계는 '들숨 · 날숨 · 멈춤'의 호흡 구조분석이었다. 춤을 출때는 숨을 들이쉬고 내쉬는 것뿐만 아니라 숨을 잠시 멈추는 특별한 호흡이 필요하다. 춤호흡은 들숨, 날숨, 멈춤의 구조로 이루어지는 것으로서, 필자는 1997

년 춤의 내적 요소인 호흡을 이해할 수 있는 '호흡표기법'을 처음 고안하였다. 춤에서 필요한 호흡은 호흡의 시간과 크기와 강약에 변화를 주는 리듬호흡으로, 호흡표기법을 통해 내적으로 흐르는 호흡의 리듬변화를 객관적으로 이해할 수 있는 과학적 근거를 마련하였다.

III. 태극구조기본춤의 구조와 원리

태극구조기본춤의 구조와 원리

1. 태극구조기본춤의 구조

1) 필체 · 학체 · 궁체의 춤사위 구조

태극구조기본춤은 '필체 · 학체 · 궁체'의 춤사위 유형이 핵심이다. 필체는 정신을 중시한 춤사위이고, 학체는 인간의 감정을 몸에 담은 춤사위이며, 궁체는 지덕체를 고루 갖춘 인격형성의 수단으로 완성을 이루게 하는 춤사위이다.[38] '필筆 · 학鶴 · 궁弓'을 본으로 하는 태극구조기본춤은 정신집중을 통해 감정을 다스리고 인격완성을 이루고자 하는 열망을 담고 있으며, 자연의 법칙을 따르기 때문에 학습자는 자신의 춤의 세계를 억지스럽지 않은 자연스러운 몸짓의 표현으로 유도해 나갈 수 있게 된다.

'필체'는 붓글씨를 형상화한 춤사위로 점을 찍고, 그리고, 당기고, 흘리는 필법의 의미성을 부여한 동작이다. 정신적 기반이 되는 필체는 승무의 춤사위에서 특징적으로 나타난다. 서도書道의 경지를 느끼며 글자를 하나하나 완성해가듯

고도의 집중을 요하며, 대체로 강한 의지를 나타내는 직선적인 춤사위이다. '점 찍는' 춤사위, '획 긋는' 춤사위 등이 대표적이다. 점 찍는 춤사위는 먹물을 묻혀 서 힘 있게 점을 찍어 내려 긋듯이 장삼자락을 말아서 공중으로 던지는 직선적인 춤사위에서 그 상징성을 엿볼 수 있다. 획 긋는 춤사위는 양쪽 소매를 말아 끌어 당기면서 획을 긋듯이 장삼소매를 앞으로 길게 던져서 두 손을 모은 다음, 아래 에서 위쪽 가슴 앞으로 무겁게 끌어당기며 대각선 위로 뿌리는 동작이다. 태평 무에서는 양손에 낀 한삼자락을 승무의 장삼자락과 유사하게 활용하면서 춤추 게 된다. 태극구조기본춤에서의 필체 춤사위는 몸을 직선으로 끌어올리고 내리 면서 척추를 길게 펴주고 내리는 동작이 특징적으로 사용된다.

'학체'는 학의 모습을 형상화한 춤사위로 인간의 모습을 학에 비유한 동 작이다. 승무뿐만 아니라 전통춤에서 가장 많이 사용되는 이 춤사위는 학이 비 상을 위해 날갯짓을 하듯 인간 내면의 다양한 감정을 담아낸다. '학다리', '꼬리 펴기', '활개펴기' 등의 춤사위로 표현된다. 학다리 사위는 한쪽 다리를 들어올리 고 양 날개를 펴듯이 겨드랑이에서부터 곡선의 형태를 취하며 손끝을 뿌리는 춤 사위이다. 꼬리펴기는 학이 꼬리를 들어 날개를 펴듯이 장삼뒷자락에 양손에 든 북가락을 살며시 넣어 서서히 펴는 춤사위이다. 활개펴기는 두 팔이 마치 활개 를 치듯이 장삼자락을 좌우로 치거나 앞뒤로 치는 동작이다. 태평무를 출 때도 북가락을 활옷뒷자락 밑으로 넣어 팔을 들어올리면서 뿌리는 동작으로 꼬리치기 와 활개펴기로 표현된다. 태극구조기본춤에서의 학체 춤사위는 학날개를 펴고 접으면서 척추를 에스자의 곡선으로 움직이는 춤사위가 특징적이다.

'궁체'는 활을 형상화한 춤사위로 활 모양처럼 팔을 둥글게 사용하는 동 작이다. 본시 활 쏘는 자세와 활의 생긴 모습을 가리키는 용어로, 궁도弓道에서 활을 끌어당겼다가 쏘아 올림으로써 활쏘기가 끝나는 것처럼, 춤을 출 때는 필체의 직선적인 흐름이 학체의 곡선과 궁체의 원형으로 이어지면서 동작이 마무리된다. 태극구조기본춤에서는 '활사위', '태극사위', '태극점찍기' 등의 춤사위가 상징적이다. 이는 팔의 둥근 모양, 몸을 돌리고 비틀고 회전하면서 표현되는 곡선의 나선형 동작선으로 이루어진다. 활사위는 양팔로 태극돌리기와 활시위를 당기는 춤사위이고, 태극사위는 활시위를 당겨 활을 쏘아 올리는 동작이며, 태극점찍기는 돌아가면서 발로 바닥에 점을 찍는 동작으로 긴장을 요하는 춤사위이다.

2) 맺음 · 어름 · 풀음의 춤기법 구조

한국춤의 기법은 매우 다양하다. 맺음 · 어름 · 풀음 외에 뿌리고, 틀고, 흔들고, 찍고, 돌리고, 밀고, 당기고, 누르고, 어르고, 지수고, 꺾고, 구르고, 튕기고, 치고, 떨어지고, 차고, 뛰는 다양한 기법이 있다. 맺음은 순간적으로 숨을 멈춘 상태의 동작이고, 어름은 들숨상태의 동작이며, 풀음은 날숨상태의 동작이다.

'맺음'은 숨을 잠시 멈추고 감정을 집중시키는 기법이다. 시각적으로는 멈춤이지만 호흡을 머금은 채 춤이 계속 흘러가는 과정으로 내적인 파장을 만들어낸다. 그 파장은 상승을 느낄 수 있는 움직임으로 이어진다. 내적인 흐름을 중시하는 맺음은 몸속 깊은 곳으로부터 솟아오르는 춤기법으로 한국춤만의 독특한 멋을 자아내는 점의 '여백미'로 표현된다.

'어름'은 숨을 들이마신 상태의 기법으로 음악의 장식음과 같다. 일정한 동작 속에 내포된 미세한 움직임을 점차 확장시켜준다. 맺음과 풀음을 이어주는 역할을 하며 맺음의 긴장상태를 유연하게 풀어주기도 하고, 고조된 감정을 진정시키는 역할을 하면서 다양한 멋을 내는 기교적인 동작이다. 다양한 기교에 의한 독특한 '곡선미'로 표현된다.

'풀음'은 숨을 내쉬면서 동작을 마무리하는 기법이다. 춤동작이 완성되는 단계에서 안정감을 주고, 사방으로 감정을 발산하며 감고 도는 회전 동작으로 연결된다. 풀음기법의 동작상태는 안정감을 주는 원형의 '조화미'로 나타난다.

태극구조기본춤에서는 호흡으로부터 창출되는 맺고 어르고 풀어내는 핵심기법 외에 다양한 기법을 12단계로 묶어서 필체, 학체, 궁체의 춤사위로 익힐 수 있도록 하였다.

3) 점 · 선 · 원의 동작선 구조

춤은 공간예술로 춤사위가 무형의 동작선으로 공간에 남겨진다. 동작선은 춤의 미적 특성을 결정짓는 요인으로 태극구조기본춤은 작은 점에서 선과 원으로 이어지면서 하나의 동작으로 완성되는 점선원의 특성을 지닌다. 추상적인 사고나 상상 속에서 점은 동그랗고 가장 작은 원이고, 선은 무한한 움직임의 가능성을 가진 가장 간결한 형태이며, 원은 규칙적으로 움직인 점이 자연스럽게 만들어낸 형태이다.

'점'은 맺음기법 수행 시에 공간에 남겨진다. 시간적으로 점은 매우 간결한 상태이며 침묵을 의미한다. 침묵은 충격에 의해 생기발랄하게 분명해지기 시작하여 다시 되살아나게 된다. 내적인 점은 그 자체로서 최고도로 억제되는 간결한 형태지만 무한하고도 다양한 형상을 취할 수 있다.[39]

'선'은 어름기법 수행 시에 직선과 곡선으로 드러난다. 무한한 움직임의 가능성을 가진 선은 점이 움직여 나간 흔적에서 생겨난다. 외부로부터 가해지는 힘이 점을 한 방향으로 움직이게 하면 이 선은 곧바로 뻗어 나가 무한히 움직이는 직선이 되며, 두 개의 힘이 동시에 점에 작용하면 하나의 곡선이 생겨나게 된다. 곡선은 원래 직선이지만 측면의 억누름에 의해 직선운동의 방향을 벗어나게 된 것으로 억누름이 크면 클수록 직선으로부터의 이탈이 커져서 마지막에 스스로 원이 되려는 경향을 띠게 된다.

'원'은 풀음기법 수행 시에 이루어진다. 점에서 선으로 이어져 원으로 완성을 이루게 되며 제자리로 되돌아가려는 성질의 춤사위이다. 원은 규칙적으로 움직인 수많은 점이 직선과 곡선으로 이어지면서 자연스럽게 만들어낸 형태이다.

태극구조기본춤은 땅에 밀착된 발 디딤으로부터 시작되는 미세한 움직임이 척추를 타고 올라가 손끝에서 뿌려지면서 다양하게 형상화된다. 겉으로 드러나지 않는 마디마디의 움직임은 원심으로부터 확장되어 나가 마지막 손끝이 우주의 공간으로 뿌려지는 순간에 모든 것을 풀어내는 하늘 지향적인 속성을 지닌다. 맺고 어르고 푸는 기법에 의해 춤동작이 점에서 직선과 곡선으로 이어지는 과정에서 서로 반전하면서 유연한 선의 흐름을 엮어낸다. 그 선의 흐름은 원으로 이어지고 또다시 점으로 시작되는 반복구조이다. 태극구조기본춤의 시작점은 생명의 근원인 태초의 점으로부터 시작하여 우주공간에 완성된 춤사위의 잔상을 남기게 된다.

4) 들숨 · 날숨 · 멈춤의 호흡 구조

무용은 호흡을 통해 춤출 수 있는 에너지를 얻는다. 호흡으로부터 얻은 에너지는 춤동작을 만들어내고, 그 호흡은 활동과 멈춤이 교대로 일어나게 되는데 그것은 숨을 들이쉬고 내쉬고 멈추는 들숨·날숨·멈춤을 말하는 것으로서 호흡에 의해 생기는 리듬변화에 따라 춤의 생명력이 결정되어진다. 이 같은 호흡의 변화는 다양한 춤의 기교와 예술적 표현의 동작선을 만들어내게 된다. 이것이 우리춤의 중요한 특성이다.

태극구조기본춤은 복식호흡과 흉식호흡을 사용하며 척추의 움직임을 기준으로 하여 직선호흡(|), 곡선호흡(S), 원형호흡(O)으로 이루어진다. 직선호흡은 척추를 수직으로 만들어주고, 곡선호흡은 척추를 에스자의 곡선으로, 그리고 원형호흡은 척추를 둥글게 원형으로 만들어준다. 이 삼단계의 호흡에 의해 표출되는 춤동작은 점선원의 동작선을 만들어내며 춤에 생명력을 불어넣어준다. 생동감 있는 호흡변화에 따라 춤의 성격이 결정지어지므로 들이쉬고 내쉬고 멈추는 호흡의 길이와 크기 그리고 힘의 강약에 따라 차이를 보이는 리듬호흡의 이해는 필수이다.

2. 태극구조기본춤의 원리

1) 태극구조기본춤의 호흡원리

호흡을 한다는 것은 모든 생명체의 공통적인 현상으로 호흡이 정지된 상태의 생명체는 더 이상 생명의 가치가 부여되지 않는다. 이와 같은 현상은 춤에서도 마찬가지이다.

호흡은 움직임의 원천적 요소로 무용수는 춤을 출 때 필요한 에너지를 호흡을 통해 얻는다. 춤호흡은 생리적 현상의 습관적 호흡이 아니라 의도적으로 변화를 유도하는 특별한 호흡이다. 평상시에는 아무런 이유 없이 숨을 멈추거나 다른 방법으로 호흡하지 않는다. 그러나 무용수는 표현하고자 하는 내용에 따라 숨을 들이쉬고 내쉬는 것뿐만 아니라 잠시 멈추는 호흡의 변화를 의도적으로 유도하게 된다. 호흡을 길거나 짧게(시간), 크거나 작게(공간), 강하거나 약하게(힘) 변화를 주면 리듬이 만들어지고, 그 리듬은 춤동작을 변화시키며 생동감 있게 해준다. 그러나 호흡이 지나치게 과다하거나 지나치게 소량인 활동은 무용의 생명력을 저하시킬 수 있기 때문에 주의해야 한다.

태극구조기본춤은 '호흡주기'에 따라 움직임에 변화가 생기는 특성을 중시한다. 그 특성은 무용수 자신이 만들어내는 것으로 호흡원리의 이해를 통해 무용수 스스로 리듬을 만들어내고 응용하면서 춤동작에 생동감을 불어넣어주는 방법을 찾을 수 있어야 한다. 춤의 생명력은 리듬호흡에 의해 결정되는 것이니만큼 무용수에게는 이에 대한 이해가 우선이다.

들숨·날숨·멈춤의 구조로 이루어지는 한국춤의 호흡에서 들숨은 숨을 들이마신 상태이고, 날숨은 숨을 내쉬는 상태이며, 멈춤은 숨을 잠시 멈추는 상태로 공기가 폐에 들어가고 나가는 호흡형태를 구분한 것이다. 서양은 심장박동수를 호흡의 기준으로 삼지만 한국춤은 폐호흡의 호흡주기를 중심으로 한다. 숨을 한 번 들이쉬고 내쉬는 것을 '한 호흡'이라 하는데 춤꾼 자신의 호흡에 따라 변화를 자유자재로 유도할 수 있는 것이 한국춤의 특징이다.

태극구조기본춤의 호흡은 인체 중심선인 척추 중심으로 움직이는 필체의 직선호흡, 학체의 곡선호흡, 궁체의 원형호흡의 세 가지[40] 유형이 있다. 우리 몸의 중심이 되는 척추는 굴곡, 신전, 측면 굴곡, 회전 등이 가능하여 몸통의 움직임이 다양하게 표출된다. 그것은 우리 몸 전체를 조절하는 기능을 갖고 있기 때문에 척추가 긴장되거나 뻣뻣해지면 조정능력과 유연성이 떨어지게 되어 효과적인 춤동작을 수행하는 데 무리가 따르게 된다.

필체의 직선호흡은 숨을 아래에서 위로 끌어올리고 내리면서 척추를 바로세우는 호흡이다. 복부로부터 시작되는 수직호흡은 숨을 들이마시면서 몸을 서서히 끌어올리고 끌어내리는 호흡이다. 들숨의 기운이 신체의 중심선인 척추의 수직선상으로 흐르는 것을 느끼면서 복부-가슴-목-머리끝까지 몸을 길게 늘려준 다음, 날숨으로 서서히 되돌아가게 된다. 날숨으로 동작을 마무리할 때는 척추가 구부러지지 않도록 복부에 소량의 호흡을 남겨 적당한 긴장을 유지해야 한다.

학체의 곡선호흡 역시 복부호흡으로 시작된다. 곡선호흡은 숨을 아래에서 위로 끌어올리고 내리면서 척추를 에스자의 곡선으로 만들어주는 호흡이다. 숨을 들이쉬면서 복부에서 가슴까지 수직으로 끌어올린 다음, 척추가 자연스럽게 에스자의 형태가 되도록 가슴을 앞으로 밀어내면서 숨을 내쉰다. 척추-목-머리가 부드럽게 곡선으로 움직이도록 유도하는 호흡이다.

궁체의 원형호흡은 척추를 원형으로 둥글게 만드는 호흡이다. 복부호흡으로 힘을 하단에 모으고 가슴까지 끌어올린 다음, 가슴을 앞으로 밀면서 숨을 내쉬고 다시 들여 마시면서 척추를 둥글게 움직인다. 상체를 뒤로 보낼 때는 숨을 들이쉬면서 척추를 대각선으로 펴준 다음, 서서히 내쉬는 호흡이 척추를 타고 내려오면서 꼬리뼈에 힘을 모아 제자리로 돌아간다.

2) 태극구조기본춤의 움직임원리

호흡작용에 의해 생성되는 춤동작은 무형의 '점'을 공간에 남긴다. 그 점은 생명의 근원인 '태초의 점'으로 우주의 원리를 담고 있다. 아주 작은 점을 낳는 미세한 움직임은 발(발바닥)-무릎-허리-몸통-어깨-머리끝-손끝까지 전달된다. 그 미세한 점은 또 다른 점을 낳고, 무수히 많은 점이 직선과 곡선으로 이어지면서 다양한 동작선으로 남겨진다. 뿐만 아니라 육안으로 드러나지 않는 몸속 마디마디의 움직임은 발바닥 끝에서 손끝까지 퍼지면서 호흡이 마무리되고 그 호흡은 또다시 시작된다. 그것은 곧 점에서 선으로, 선에서 원으로, 원에서 다시 점으로 되돌아가는 '점선원점'[4]의 순환구조로 이루어지게 된다. 즉 시간, 공간, 힘의 유기적인 관계하에 점에서 선으로 극대화되어 원으로 완성을 이루고, 또 다른 시작을 의미하는 점으로 되돌아가는 원리이다. 이것이 우리춤 호흡의 특성이며 리듬호흡에 의해 점선원에서 다시 점으로 이어지는 태극원리의 구조로 완성을 이루게 된다.

　　점선원을 생성과정과 우주 생성원리와 철학적 상징의 세 가지 측면에서 풀이한 것을 살펴보면 모두 같은 원리임을 알 수 있다. 생성과정에 포인트를 둔 풀이는 우주가 탄생한 후의 첫 운동체가 점의 존재임을 말하고 있고, 무용에서의 태극론적 풀이는 우주의 생명을 원으로 규정하여 점과 선을 원의 부분으로 보고 있으며, 회화적 입장에서는 점과 선의 관계를 기하학적으로 설명하고 있다.

　　화가 칸딘스키는 점을 선으로 변화시키는 외부로부터의 힘은 다양하다고 했다. 선의 다양성은 그들의 조합에 달려 있으므로 밖으로부터의 힘이 점을 한 방향으로 움직이게 하면 이 선은 곧바로 뻗어 무한히 움직이는 직선이 되고, 곡선은 원래 직선이지만 측면의 억누름에 의해 직선운동의 방향을 벗어나게 된다. 억누름이 크면 클수록 직선으로부터의 이탈이 커져서 마지막에 스스로 폐쇄하려는(원이 되려는) 경향을 띠게 됨을 이야기한다.

  필자가 생각하는 춤호흡도 이와 마찬가지이다. 들숨, 날숨, 멈춤으로부터 얻게 되는 힘은 움직임을 만들어내고 변화시키게 되는데, 그 움직임은 작은 점을 공간에 남긴다. 그 작은 점으로 시작되는 첫 호흡은 태극원리에 의한 것으로서 태초의 점이자 태초의 움직임이다. 태초에 점이 점을 낳아 많은 점들이 공간에 흩어지고, 자체의 에너지로 운동하고 작용하여 어울리며 다양한 선을 만들어내고 원으로 완성을 이룬다. 원의 완성은 순간순간의 작은 움직임이 동작으로 완성되는 것으로서 그것은 관객에게 아름다운 잔상으로 남겨진다. 그 잔상은 때로는 부드럽고 아름답게, 때로는 거칠고 강한 파도가 물결치듯 느껴진다. 이 같은 움직임 호흡원리를 따르는 춤이 바로 태극구조기본춤이다.

IV. 태극구조기본춤의 구성과 훈련체계

태극구조기본춤의 구성과 훈련체계

1. 태극구조기본춤의 12단계 춤구성

태극구조기본춤은 한국전통춤에서 추출한 다양한 기법을 12단계로 구분하고, 각 단계별로 필체·학체·궁체의 세 가지 춤사위로 익힐 수 있도록 구성 하였다. 12단계를 총 36가지 유형으로 익힐 수 있는 춤의 구성은 단순히 동작을 나열한 것이 아니라, 춤기법을 단계적으로 익힐 수 있도록 구성한 것으로서 호흡에 의해 만들어지는 춤동작이 공간에 무형의 동작선을 남기게 되는 유기적인 관계를 이해하게 된다. 즉 앞에서 〈표1〉로 제시된 '태극구조기본춤 틀'의 춤사위, 춤기법, 동작선, 호흡의 한국춤 원리와 구조를 몸으로 체득하게 된다.

춤사위 유형 / 12단계 춤기법		필체	학체	궁체
1단계	숨고르기	직선호흡_점	곡선호흡_선	원형호흡_원
2단계	끌어올리고 내리기	몸바로세우기	학사위	활사위
3단계	맺고 풀기	몸사선펴기	학날개펴기	태극힘모으기
4단계	뿌리고 틀고 흔들기	뿌리고-틀기	뿌리고-틀고-흔들기	태극사위뿌리기
5단계	찍기	발찍기	손찍기	양손태극점찍기
6단계	돌리기	다리돌리기	팔돌리기	어깨돌리기
7단계	밀고 당기고 누르기	다리 밀고-당기기	양팔 밀고-당기기	온몸 누르며-돌아가기
8단계	치고 떨어지기	허벅지 치고-떨어지기	몸통 치고-떨어지기	어깨 치고-떨어지기
9단계	어르고 지수기	양손모으기_가슴에	한팔휘감기_몸통에	양팔휘감아 돌기_몸통에
10단계	꺾기	다리꺾기	팔꺾기	온몸꺾기
11단계	구르고 튕기고 뛰어오르기	발구르기	상체튕기기	뛰어오르기_즉흥
12단계	다시 숨고르기	점에서 점으로	선에서 선으로	원에서 다시 점으로

〈표2〉 태극구조기본춤 12단계 춤구성[42]

태극구조기본춤 12단계의 학습효과

태극구조기본춤은 들숨 · 날숨 · 멈춤의 호흡 흐름을 따라 척추 중심으로 직선에서 곡선과 원형으로 움직임이 확장되는 동작을 익힐 수 있는 구조이다. 12단계의 춤기법을 필체 · 학체 · 궁체의 춤사위로 익히는 훈련에서 얻을 수 있는 학습효과는 춤호흡과 한국춤 원리와 구조에 대한 이해이다. 이를 통해 '아래에서 위로(수직)', '좌에서 우로(수평)', '뒤에서 앞으로(앞뒤)', '안에서 밖으로(내외)' 흐르는 움직임 호흡원리를 다양한 호흡감각으로 체득하게 된다.

1) 숨고르기 : 직선, 곡선, 원형의 움직임 호흡감각

'숨고르기'는 춤에서 필요한 에너지를 얻기 위한 첫 단계의 호흡기법이다. 호흡의 흐름에 따라 척추가 직선, 곡선, 원형으로 움직이는 직선호흡 · 곡선호흡 · 원형호흡을 익히게 된다. 직선호흡의 동작(필체)은 공간에 수많은 점을 낳고, 곡선호흡의 동작(학체)에서는 수많은 점들이 선으로 이어지고, 원형호흡의 동작(궁체)은 하나로 길게 이어진 선이 원으로 완성을 이루는 움직임 호흡원리를 이해하게 된다.

① 필체의 춤사위 : 척추를 바로세우는 직선호흡

② 학체의 춤사위 : 척추를 에스자 형태로 유도하는 곡선호흡

③ 궁체의 춤사위 : 척추를 둥글게 유도하는 원형호흡

2) 끌어올리고 내리기 : 발바닥, 겨드랑이, 손끝 움직임의 호흡감각

'끌어올리고 내리기'는 몸을 똑바로 펴고 내리는 기법이다. 복부호흡으로부터 움직임이 시작되며 발바닥과 겨드랑이와 손끝의 움직임이 동시에 이루어진

다. 똑바로 세운 몸은 손끝이 호흡을 따라 올라가고 내려가는 속도에 따라 아래에서 위로, 위에서 아래로 움직이게 된다. 서서히 들이쉬는 호흡을 통해 몸이 길어지고 커지는 변화가 생긴다. 이때 척추뼈 마디마디의 공간을 넓혀주는 호흡감각과 무게감과 부피감을 느끼게 되며, 미세한 호흡감각으로부터 내적 감정을 이끌어내게 된다. 이를 통해 필체 · 학체 · 궁체의 춤사위 구조를 이해할 수 있다.

① 필체의 춤사위 : 서예의 붓글씨를 형상한 동작

② 학체의 춤사위 : 학의 움직임을 형상한 동작

③ 궁체의 춤사위 : 궁도의 활시위를 형상한 동작

3) 맺고 풀기 : 긴장과 이완의 호흡감각

'맺고 풀기'는 숨을 잠시 멈추어 맺었다가 풀어주는 기법이다. 맺음은 들이쉰 숨을 잠시 멈추는 것으로 숨을 멈추고 한곳으로 집중, 응축시킨 상태이다. 풀음은 숨을 내쉬며 긴장을 풀어주는 상태이다. 호흡의 변화를 통해 몸의 긴장과 이완을 습득하게 되고, 에너지의 적절한 이용과 처리능력을 기르게 된다. 호흡에 의해 변화되는 춤사위와 춤기법, 동작선의 유기적 관계를 이해할 수 있다.

① 필체의 춤사위 : 몸을 사선으로 길게 펴는 직선적인 동작

② 학체의 춤사위 : 학이 날개를 펴고접는 곡선적인 동작

③ 궁체의 춤사위 : 양팔을 태극사위로 움직이는 원형적인 동작

4) 뿌리고 틀고 흔들기 : 수직과 수평의 움직임 호흡감각

'뿌리고 틀고 흔들기'는 팔(손)을 위로 강하게 뿌리고 어깨를 틀어서 몸통을 흔들어주는 기법이다. 아래에서 위로 뻗어 오르는 에너지가 좌우로 뒤틀리

고 흔들리면서 힘의 반작용을 이용하게 된다. 복부호흡으로 하체를 단단하게 잡
아주면 어깨와 팔은 힘이 빠지게 되어 유연하고 탄력 있는 동작으로 이어진다.
상·하체 힘 쓰임의 관계를 이해할 수 있다.

① 필체의 춤사위 : 양팔을 위로 뿌리는 동작

② 학체의 춤사위 : 몸통(양팔)을 틀고 흔드는 동작

③ 궁체의 춤사위 : 양팔을 태극사위로 움직이는 동작

5) 찍기 : 바닥과 공간의 호흡감각

'찍기'는 붓으로 점을 찍듯이 손과 발로 점을 찍는 기법이다. 발끝으로 점
을 찍을 때는 바닥에 찍고, 손끝으로 점을 찍을 때는 머리 위에서 정수리 쪽으로
내려찍는다. 점을 찍는 동작은 가장 작은호흡으로 가볍게 움직여야 하므로 바닥
과 공간에 찍는 호흡을 감각적으로 느낄 수 있어야 한다. 바닥과 공간에 찍히는
점에 호흡의 기운이 더해지면서 다양하게 변화해가는 움직임을 이해하게 된다.

① 필체의 춤사위 : 발로 바닥에 점을 찍는 동작

② 학체의 춤사위 : 머리 위에서 손끝으로 공간에 점을 찍는 동작

③ 궁체의 춤사위 : 양팔의 태극사위로 공간에 점을 찍는 동작

6) 돌리기 : 균형을 잡는 호흡감각

'돌리기'는 다리와 팔과 어깨를 돌리며 회전시키는 기법이다. 중간 세기
의 호흡을 유지하면서 동작을 하게 되면 춤동작이 긴 선으로 이어지게 된다. 다
리를 돌릴 때는 한쪽 다리로 균형을 잡고 다른 한쪽 다리를 돌려주며, 팔을 돌
릴 때는 양손을 에스자로 교차시키면서 돌려주고, 어깨를 돌릴 때는 앞에서 뒤

로 어깨로 돌리며 회전시켜준다. 다리의 힘과 팔과 어깨의 유연성, 그리고 몸의 균형감각을 익히게 된다. 상하수직과 좌우수평의 힘 쓰임을 이해하게 된다.

① 필체의 춤사위 : 다리를 회전시키는 동작

② 학체의 춤사위 : 양팔을 아래위에서 에스자로 돌려주는 동작

③ 궁체의 춤사위 : 어깨와 양팔을 회전시키는 동작

7) 밀고 당기고 누르기 : 수직과 수평의 호흡감각

'밀고 당기고 누르기'는 수평으로 밀고 당기며 수직으로 눌러주는 기법이다. 양팔을 들고 몸을 옆으로 밀고 당길 때는 좌에서 우로, 우에서 좌로 흐르는 호흡을 느껴야 하고, 팔을 들면서 아래로 누를 때는 발바닥의 기운이 손끝까지 흐르는 아래에서 위로, 위에서 아래로 흐르는 호흡을 느낄 수 있어야 한다. 즉 수직과 수평의 균형감각을 익히게 된다. 이를 통해 에너지를 몸 밖으로 밀어내고 몸 안으로 끌어당기는 내외의 호흡작용과 힘의 반작용을 이해하게 되며 동작의 밀도감을 익힐 수 있다.

① 필체의 춤사위 : 발을 밀고 당기는 동작

② 학체의 춤사위 : 양팔을 밀어내고 당겨주는 동작

③ 궁체의 춤사위 : 몸을 아래로 눌러주는 동작

8) 치고 떨어지기 : 상승과 낙하의 호흡감각

'치고 떨어지기'는 몸이나 옷자락을 치면서 들어올린 팔을 아래로 떨어뜨리는 기법이다. 중간 세기의 빠르고 강한호흡으로 치고 떨어지는 상승과 낙하의 기법에 의해 점과 선으로 이어지는 리듬을 이해할 수 있다. 외부 자극으로 인한

호흡변화와 움직임의 상관관계를 이해하게 된다.

① 필체의 춤사위 : 양손으로 몸을 치는 동작

② 학체의 춤사위 : 상체를 좌우 에스자로 치는 동작

③ 궁체의 춤사위 : 어깨를 좌우로 치는 동작

9) 어르고 지수기 : 움직임에 따른 무게감의 호흡감각

'어르고 지수기'는 무게중심을 복부에 두고 좌우세로 몸을 낮추거나 미세하게 흔드는 기법이다. 제자리에서 동작할 때는 미세한 호흡을 유지하면서 집중하게 되고, 앞으로 나가거나 옆으로 회전하며 돌아갈 때는 강한호흡으로 변화된다. 미세한 움직임에 의해 작은 점이 쌓여가게 되고 호흡이 흘러가면서 선으로 이어지게 된다. 약한호흡에서 점점 강해지는 호흡의 내적 움직임의 절제를 통해 감정의 극대화를 이끌어냄을 이해하게 된다.

① 필체의 춤사위 : 좌우세로 몸을 낮추거나 미세하게 흔드는 동작

② 학체의 춤사위 : 한쪽 팔을 몸통에 휘감아 들어올리는 동작

③ 궁체의 춤사위 : 양팔을 휘감으며 돌아가는 회전동작

10) 꺾기 : 뼈 마디마디를 분절시키는 호흡감각

'꺾기'는 온몸의 뼈 마디마디를 자유자재로 분절시켜 꺾어주는 기법이다. 약한들숨으로 호흡을 끊어주면서 팔과 다리와 몸통의 뼈 마디마디를 스타카토식으로 꺾는다. 꺾는 동작에 의해 무수히 많은 점이 공간에 남겨지고 쌓여가는 것을 느끼게 된다. 꺾기는 고도의 테크닉을 요하는 기법으로 복부호흡의 무게감과 흉부호흡의 섬세함의 차이를 이해하고 온몸을 자유자재로 컨트롤 할 수 있

는 능력을 길러준다.

① 필체의 춤사위 : 다리의 뼈 마디마디를 꺾는 동작

② 학체의 춤사위 : 팔의 뼈 마디마디를 꺾는 동작

③ 궁체의 춤사위 : 몸 전체의 뼈 마디마디를 꺾는 동작

11) 구르고 튕기고 뛰어오르기 : 몰입의 움직임 호흡감각

'구르고 튕기고 뛰어오르기'는 발로 바닥을 구르면서 몸을 튕기고 뛰어오르는 기법이다. 약한호흡에서 점차 강한호흡으로 변화되면서 작은 점이 점점 큰 점으로 확대되는 것을 느끼게 된다. 발을 구를 때는 약한호흡으로 절제하고, 상체를 튕기고 뛰어오를 때는 강한호흡의 탄력을 이용한다. 몸 안과 몸 밖의 에너지를 교차시키는 것을 통해 절정에 달하는 몰입의 상태에 이르게 되면 춤추는 이의 자율적 움직임의 '즉흥'이 인정되는 부분이다. 몰입의 경험을 통해 시간·공간·힘의 관계를 이해하게 된다.

① 필체의 춤사위 : 발로 바닥을 굴러주는 동작

② 학체의 춤사위 : 손목을 돌리고 튕겨주는 동작

③ 궁체의 춤사위 : 몸이 위로 솟구치는 동작

12) 다시 숨고르기 : 상승된 호흡을 절제하는 호흡감각

'다시 숨고르기'는 1단계부터 쌓아온 에너지를 마무리하는 호흡기법이다. 직선호흡에서 곡선과 원형으로 이어지면서 절정에 오른 호흡을 가다듬어 제자리로 되돌아가게 된다. 처음자리로 되돌아가는 것은 또 다른 시작의 의미이다. 1단계 '숨고르기'에서 12단계의 '다시 숨고르기'로 되돌아가는 점선원점으로 이

어지는 순환구조의 태극원리와 그것으로부터 생성되는 춤기법과 춤동작의 관계를 이해하게 된다.

① 필체의 춤사위 : 절정에 오른 호흡을 절제하는 상하 움직임의 동작
② 학체의 춤사위 : 호흡이 차츰 작아지는 곡선적인 움직임의 동작
③ 궁체의 춤사위 : 미세한 호흡을 느끼면서 처음으로 돌아가는 동작

2. 태극구조기본춤의 훈련체계

1) 바른 자세를 위한 훈련법

한국춤의 바른 자세

무용의 바른 자세는 몸을 수직으로 세우고 수평으로 균형을 잡는 것이 가장 중요하다. 몸을 똑바로 펴는 상하수직적 자세와 좌우균형을 잡아주는 수평적 자세가 하나로 합을 이룰 때 비로소 바른 자세를 취할 수 있게 된다.

한국춤에서 몸을 바로세우는 준비 자세는 양쪽 발뒤꿈치를 붙이고 발끝을 45도 정도 벌리고 선 다음, 몸이 바닥과 수직이 되도록 척추를 똑바로 세우고, 양쪽 골반과 어깨는 수평이 되도록 한다. 이때 복부에 소량의 호흡을 넣어 허리를 펴고, 발바닥과 겨드랑이에도 미세한 호흡을 넣되 어깨가 올라가지 않도록 힘을 뺀다. 양팔은 자연스럽게 아래로 내리며 몸의 무게는 약간 발 앞쪽에 둔다.

양반다리로 앉아서 시작하는 태극구조기본춤은 엉덩이를 지면에 대고 양다리를 교차하여 놓는다. 이때 복부와 겨드랑이에 소량의 호흡을 넣어 몸을 위쪽으로 가볍게 들어올려주고, 어깨를 바로하고 양팔을 무릎 위에 자연스럽게 내려놓는다. 똑바로 서거나 앉은 자세 모두 하체를 단단히 잡아주고 복부와 겨드

랑이에 미세한 호흡을 넣되 상체의 힘을 빼도록 한다.

몸의 무게를 느끼는 균형감각

몸을 바로세우기 위해서는 호흡의 흐름과 무게에 대한 이해가 필요하다. 몸의 무게를 느끼는 균형감각은 척추를 똑바로 세우고 골반과 어깨의 좌우균형을 잡아주는 호흡감각을 지녀야 한다. 즉 숨을 들이쉬는 것은 몸에 힘을 불어넣어주는 것으로서 몸의 무게가 아래에서 위로 올라가게 되고, 반대로 숨을 내쉬는 것은 힘을 빼는 상태로 몸의 무게가 위에서 아래로 내려가게 된다. 숨을 들이쉴 때는 약간의 긴장과 집중이 필요하지만 숨을 내쉴 때는 긴장을 풀어 안정감을 느끼게 된다. 한 가지 주의해야 할 것은 숨을 내쉴 때 힘을 과다하게 빼면 척추가 무너질 수 있기 때문에 복부에 소량의 호흡을 남겨 허리가 구부러지지 않도록 하여 바른 자세를 취할 수 있도록 한다.

수직과 수평으로 동작할 때 힘의 반작용을 느끼는 것 또한 중요하다. 몸은 상하 또는 좌우로 잡아당기는 힘에 의해 더 길어지고 더 커지기 때문이다. 몸을 곧게 펴기 위해 허리(복부)를 위로 끌어올리되 아래로 내리는 힘을 동시에 느껴야 하고, 지면에 대고 있는 발바닥은 아래로 밀어내리는 힘을 느끼되 다리는 위로 올라가는 힘을 느껴야 한다. 이때 어깨가 따라 올라가지 않도록 가슴은 아래로 내리되 목은 위로 들어올려야 한다. 팔을 양옆으로 펼 때도 양쪽 손끝을 멀리 밀어내면서 양쪽에서 서로 잡아당기는 힘을 동시에 느낄 수 있어야 한다. 이렇게 상하좌우의 힘을 동시에 느끼게 되면, 힘의 균형을 유지하게 되고 몸의 무게중심이 동작에 따라 상하좌우로 이동하면서 그 위치가 달라짐을 감각적으로 느끼게 된다. 호흡의 흐름을 따라 움직임을 자유자재로 다룰 수 있을 때, 무게중심을 정확히 느낄 수 있으며 편안한 자세로 춤출 수 있게 된다.

발바닥과 겨드랑이의 호흡감각

한국춤은 바른 자세를 취하기 위한 호흡과 호흡으로부터 얻게 되는 힘을 넘치거나 모자라지 않도록 적절히 사용하는 호흡감각이 필요하다. 바른 자세를 습득하려면 지면에 대고 있는 발바닥과 겨드랑이의 섬세한 호흡감각이 필요하고, 전신을 지탱하는 발과 좌우균형을 잡아주는 팔(손끝)의 감각을 느끼는 것이 중요하다. 발바닥과 겨드랑이로부터 팔과 손끝으로 이어지는 호흡감각을 통해 균형을 잡아주는 집중력을 길러 춤동작을 효과적으로 수행할 수 있기 때문이다.

발바닥의 호흡감각을 체득하게 되면, 몸을 똑바로 들어올리고 내리는 호흡의 기운과 상하 직선적 움직임의 무게감을 느끼게 되고, 겨드랑이의 호흡감각을 익히게 되면, 양팔을 옆으로 들어올리고 내리는 호흡의 기운과 수평적 움직임의 무게감을 감지하게 된다. 몸을 펼 때 힘이 어떻게 작용하여 신체를 지탱하게 되는지 또 어떻게 느슨해지는지를 터득하게 되면, 그 동작상태를 유지시키는 통제력 등을 감각적으로 느끼게 된다. 의도적인 호흡으로 몸을 들어올리거나 내릴 때, 또는 어깨를 뒤로 젖히거나 가슴을 앞으로 내미는 등의 수직적, 수평적 동작을 익히는 섬세한 호흡감각은 무용수가 필수적으로 익혀야 할 감각이다.

전신에 힘을 빼는 호흡감각

무용수가 신체중심을 느끼면서 균형을 잡기 위해서는 전신에 힘을 빼는 것에 주의해야 한다. 신체중심을 느끼는 것은 감각적 또는 반사적으로 몸의 균형을 유지할 수 있도록 하는 것이며, 전신의 힘을 빼는 것은 무게의 올바른 분

배로 몸 전체에 힘을 고르게 유지하여 균형을 잡는 것이다. 전신에 힘을 뺄 때는 몸 전체에 생기를 주는 약간의 긴장(복부)이 필요하다. 약간의 긴장은 몸의 중심인 척추의 균형과 바른 자세를 유지하는 데 도움을 준다. 뿐만 아니라 팔·다리·몸통·가슴 어디에서든지 활발한 기운이 샘솟아서 전신의 힘을 부드럽게 유지하도록 해준다. 전신에 힘을 뺀다 하여 몸이 축 늘어지게 되면 몸이 구부러지거나 비뚤어지게 되므로 필요한 동작의 힘을 감각적으로 느낄 수 있어야 한다.

　　무용수가 몸의 균형을 잡아 바른 자세를 취하게 되면, 동작에 탄력을 얻게 되고 유연성과 지구력을 기를 수 있으며 동작 수행 시 근육의 에너지 소비를 줄일 수 있다. 반대로 자세가 바르지 않으면 쉽게 피로를 느껴 동작의 불균형을 초래하게 된다. 몸을 감각적으로 느낀다는 것은 쉬운 일이 아니지만 체계적인 훈련을 통해서 습득할 수 있다. 우리 몸은 적응성이 강하기 때문에 바른 자세를 유지함으로써 정확한 춤동작을 표현함은 물론 훈련 중에 유발되는 상해를 미리 방지할 수 있다.

2) 태극구조기본춤의 과학적 훈련체계

　　태극구조기본춤은 '임학선호흡표기법'에 근거한 과학적 훈련체계를 지닌다. 그 훈련체계는 기존의 훈련법과는 차이가 있는 것으로 무조건 따라하는 것이 아니라 호흡표기법을 통해 필체의 직선호흡에서부터 학체의 곡선호흡과 궁체의 원형호흡을 익히게 된다. 이러한 과정에서 한국춤의 다양한 기법을 자신의 호흡으로 습득하게 되고, 자신이 원하는 춤을 효과적으로 수행하게 된다.

　　또한 춤동작은 춤언어로서의 의사전달이 가능해야 하므로 춤기법에 따라 달라지는 표현방법과 감정처리 등을 익혀야 한다. 동작과 감정은 별개가 아니라 평소 기본동작 훈련에서부터 함께 이루어져야 한다. 호흡의 흐름에 따라 변화되는 동작과 그 동작에 따른 감정표현을 익히게 되면 관객과의 소통이 원활해진다. 그것은 무조건 따라하거나 일률적인 방법으로 춤을 추는 것이 아니라 무용수 자신의 개성을 지니는 춤이어야 한다. 춤에 생명력을 불어넣어주는 호흡으로 리듬감을 살려줄 때 비로소 살아 있는 생생한 춤으로의 표현이 가능하다. 즉 호흡에 감정을 더하는 몸동작이 가슴으로 느껴질 때 춤언어로서의 생명력을 지니게 된다. 그 방법은 여러 가지가 있겠지만 그중 하나의 방법이 호흡표기법을 통한 과학적 체계의 훈련법이다.

임학선호흡표기법은 인간 내면의 움직임을 가시화한 최초의 기록법으로 한국춤 특성에 적합한 기록법이라는 점에서 의의가 크다. 내면의 흐름, 즉 호흡에 의해 춤동작이 창출되는 한국춤의 특성상, 호흡분석을 통해 한국춤의 실체를 파악하는 것은 필수이다. 이와 같은 훈련체계를 통해 기존의 따라하기 방식의 한계를 극복할 수 있을 것이고, 무용교육의 이론적ㆍ과학적 체계를 세우는 기반이 될 것이다. 학습자는 스스로 호흡을 표기해봄으로써 자신의 호흡을 분석할 수 있고, 그것을 효과적으로 훈련에 응용함으로써 자신만의 개성을 찾는 성과를 거둘 수 있을 것이다.

'무용은 시간ㆍ공간ㆍ힘의 예술이다.' 태극구조기본춤은 들이쉬고 내쉬는 호흡의 흐름에 따라 몸속 내부의 에너지를 몸 밖으로 분출시키고, 몸 밖 외부 공간의 에너지를 몸속으로 끌어들이는 내외 호흡작용을 중시하는 구조이다. 발바닥으로부터 뻗어 오르는 에너지가 몸의 중심선을 타고 올라가 손끝에서 공간에 뿌려지는 에너지를 느끼고, 그 공간의 에너지를 손끝으로 되받아 몸속으로 끌어들이게 된다. 이 같은 춤을 습득하는 과정에서 춤동작과 호흡의 관계를 파악하고, 춤의 3요소인 시간 · 공간 · 힘의 관계하에서 변화되는 춤호흡을 이해하게 된다.

　　무용의 훈련체계는 자신의 춤을 미리 생각하고 어떻게 운영할 것인지가 곧 힘이다. 호흡의 시간적, 공간적 요인과 힘의 쓰임에 따라 움직임의 성질과 표현하고자 하는 내용이 달라진다. 호흡의 시간과 공간과 힘의 작용을 표기하는 호흡표기법의 활용으로 호흡의 특성을 한눈에 파악할 수 있다. 그러므로 훈련에 효과적으로 대처할 수 있는 능력을 키울 수 있을 뿐만 아니라 효과적으로 춤 훈련에 임할 수 있도록 해준다.

춤의 3요소	개념	의미	감각
시간	길이	길고 짧음	리듬감
공간	부피	크고 작음	입체감
힘	세기	강하고 약함	생동감

〈표3〉 호흡의 시간 · 공간 · 힘의 개념

V. 태극구조기본춤의 사상과 정신

태극구조기본춤의 사상과 정신

1. 태극구조기본춤의 사상

　　태극구조기본춤은 '태극 음양사상'에 기반한다. 음양의 형성과 발전[1]을 살펴보면 태극을 이루는 음양의 기원은 매우 오래되었다. 처음에는 자연적인 개념으로, 즉 최초의 양은 햇볕이 드는 것·낮·해를 향하는 것 등을, 음은 햇볕이 들지 않는 것·밤·해를 등지는 것 등의 자연현상을 가리켰다. 이러한 음양에 철학적 내용이 가미됨으로써 개념화되고 보편화되면서 음과 양의 두 개념은 매우 광범위하게 사용되었다.

　　음양은 기氣로써 모든 만물에 내재되어 있는 보편적 속성이라 할 수 있다. 음양은 서로 상호작용을 하는데 이 과정 중에서 만물이 발생하게 되고 사람 역시 이러한 작용에 의해 생겨나는 것이라 인식하게 되었다. 이후 이 관념은 우주로까지 확장되어 포괄적으로 사용되었다. 우주에는 두 가지 상호 모순되는 힘과 속성이 있는데 여기에서의 속성이란, 강한 것·동적인 것·뜨거운 것·위에 있는 것·밖을 향하는 것·밝은 것 등의 양의 속성과 부드러운 것·고요한 것·차가운 것·아래 있는 것·안을 향하는 것·어두운 것 등의 음의 속성을 말하는 것이다.

자연계에서의 음양은 해와 달·산과 강·물과 불·하늘과 땅·추위와 더위 등이며, 사회에서의 음양은 귀하고 천한 것·지위의 높고 낮은 것·임금과 신하·아비와 자식·남편과 아내·삶과 죽음 등이다. 이러한 사물과 개념에는 모두 음양 관념이 자리 잡고 있다. 『주역周易』에서는 음양 관념을 기반으로 천·지·인을 망라한 우주의 모든 현상을 설명하고 있다. 나아가 음양 범주의 발전과정은 끊임없는 추상화의 과정으로 추상적 속성과 기능을 갖게 되어 우주의 보편원칙이 되었다.

1) 태극 음양사상을 담은 춤사위

태극은 우주만물의 근원으로 우주의 기본원리이고, 음양은 천지자연의 이치로 우주의 근본규율이자 원칙이다. 태극의 원리로부터 음양의 움직임이 비롯되고 그 음양은 만물을 생성한다. 음양은 우주의 운행인 기운을 나타내며 시간·공간·힘의 작용에 의해 끊임없이 변화·발전된다. 천지 사이에 존재하는 우리의 몸은 소우주小宇宙요, 자연은 대우주大宇宙로 '소우주인 그 몸을 움직이게 하는 것이 춤이다.'[45] 곧 인간의 작은 몸으로 대우주를 표현하는 것이 춤이다.

자연의 이치는 원래 하늘의 뜻 혹은 우주의 이치를 의미하는 것[46]으로 태극구조기본춤은 천지자연의 이치가 만물에 투영되고 반영되는 우주의 원리를 따른다. 대자연의 섭리는 우주의 운행원리로 1년 12달 4계절의 변화를 만들어내며, 태극구조기본춤 12단계의 춤은 이러한 변화와 맥을 같이한다.

태극구조기본춤 처음 도입 부분의 '숨고르기'는 봄에 땅의 기운을 받듯이 (편안하게 앉은 자세에서) 몸속 깊은 것으로부터 솟아오르는 호흡으로부터 움직임이 시작되고, 차츰 (일어나면서) 호흡이 빨라지는 변화에 따라 몸을 끌어올리고 내리며 밀고 당기는 움직임으로 변화되는 다양성을 갖추어가게 된다. 여름에 나뭇가지가 뻗어 나가는 것처럼 위를 향해 뿌리고 틀고 흔드는 춤사위는 나뭇잎이 바람에 흔들리며 나부끼듯 자연스러운 흐름의 곡선적인 움직임이 만들어져 쌓이고 또 쌓이며, 가을에 열매를 맺고 낙엽이 떨어지듯 발을 구르고 양팔로 몸을 치고 떨어지며 뛰어오르는 무르익은 춤사위로 무게를 더해간다. 겨울에 눈보라가 휘날리며 사그라지듯이 클라이맥스로 올라갔던 움직임은 다시 숨고르기로 잦아들며 처음 자세로 되돌아가 마무리된다. 이러한 태극구조기본춤의 원리는 긴 겨울잠에서 깨어나 또다시 봄을 맞이하게 되는 천지자연의 순환구조의 원리와 같은 맥락이다.

태극은 한국을 상징하는 문양으로 우리의 삶 속에 깊이 녹아 있으며 면면히 흘러온 우리의 삶 속에도 스며들어 있다. 구불구불한 산등선과 골목길, 기와지붕과 옷소매와 버선코의 곡선, 한국춤의 곡선적 아름다움은 우리 고유의 미적 특성으로 남게 되었다. 자연을 벗 삼아 삶을 춤추었던 우리춤은 만물의 모양이나 성격을 묘사한 것이 많다. '필筆·학鶴·궁弓'을 토대로 하고 있는 태극구조기본춤의 춤사위는 고도의 정신집중을 요하는 필법을 형상한 필체, 비상하는 학의 모습을 본뜬 학체, 활의 모양을 상징한 궁체의 세 가지 유형의 춤사위가 핵심이다. 이는 모두 한국 고유의 정서에서 비롯된 동작들로 필체는 춤의 정신을, 학체는 인간의 감정을, 궁체는 인격완성을 의미한다. 이 같은 특성을 지니는 태극구조기본춤은 필체의 춤사위로 뜻을 세우고, 학체의 춤사위로 비상을 춤추며, 궁체의 춤사위로 완성을 이루기 위한 염원을 담은 것이다.

음양의 호흡기운으로 움직여 나가는 태극구조기본춤의 춤사위는 점선원에서 또다시 점으로 이어지는 동작선이 형성되는데, 그것은 시작과 끝이 서로

맞물리며 호응하는 '수미상응首尾相應'[47]의 움직임(호흡) 특성을 지닌다. 수미상응의 춤사위는 발끝에서 머리끝까지 호흡이 끌어당겨지는 동안, 몸속 마디마디의 움직임이 원심으로부터 확장되어 나가 손끝이 우주공간에 뿌려지는 그 순간에 태극 완성이 이루어지게 된다.

이와 같은 태극구조기본춤의 춤사위는 '축세蓄勢'[48]의 기법적 특성을 지닌다. 축세란 '기세氣勢를 축적, 응축, 저축한다'는 뜻이다. 이는 서예의 기법으로 춤동작의 호흡기법과 같다. 서예의 글씨는 그 방향이 왼쪽에서 오른쪽으로, 위에서 아래로 나아간다. 나아가는 것이기 때문에 세勢가 필요하다. 춤동작도 이와 같은 이치이다. 말하자면 위로 움직이기 위해서는 아래부터 움직임이 시작되어야欲上先下 하고, 오른쪽으로 움직이기 위해서는 왼쪽부터欲右先左, 앞으로 가기 위해서는 뒤에서부터欲前先後, 몸 밖으로 드러나기 위해서는 몸 안에서부터 움직임이 시작되어야欲外先內 한다. 기본춤을 시작할 때, 먼저 숨을 내쉬면서 무릎을 굽혀준 다음 숨을 들이쉬면서 움직임이 시작되는 원리이다.

이러한 춤사위는 모두 태극 음양의 원리가 적용된 것으로, 움직임이 일어나는 것이 양陽이고 원래의 자리로 되돌아가는 것이 음陰이다.[49] 따라서 앞으로 나아가는 것이 양이고 뒤로 물러나는 것이 음이고, 굽히는 것이 양이고 펴는 것이 음이며, 손을 내미는 것이 양이고 당기는 것이 음이며, 안에서 밖으로 먼저 춤추는 것이 양이고 밖에서 안으로 되돌아가는 것이 음이고, 들이쉬는 것이 양이고 내쉬는 것이 음이 된다.

『주역』에서는 '한 번 음하고 한 번 양하는 것을 도道'라 한다.[50] 음양이 반복되는 춤사위는 자연의 도를 구현하는 몸짓으로 규율과 질서 안에서 끊임없이 순환하며 춤추는 사람의 마음을 두드린다. 태극 음양사상을 담은 필체·학체·

궁체의 춤을 추는 사람들은 들숨·날숨으로 음양의 기운을 다스려 1단계 숨고
르기를 시작으로 끌어올리고 내리며, 맺고 풀고, 뿌리고 틀고 흔들며, 찍고, 돌
리고, 밀고 당기고 누르며, 쳐올려서 떨어지고, 어르고 지수면서, 꺾고, 구르고
튕기고 뛰어올라 마지막 12단계의 다시 숨고르기로 되돌아가는 과정을 통해 자
신의 모습과 마음을 한껏 드러내며 춤을 추게 된다.

2) 진퇴의 법도를 담은 춤사위

만물의 움직임에는 '진퇴進退'가 있다. 진퇴는 춤에서 가장 기본이 되는 춤
사위로, 이는 단순히 앞으로 나아가고 뒤로 물러나는 걸음걸이의 춤사위를 나타
내는 좁은 의미가 아니라 우리의 삶을 아우르는 넓은 개념의 철학적 의미를 지
니는 춤사위이다.

옛사람들은 "우러러 하늘에서 이치를 살피고 엎드려 땅에서 법칙을 살피
며, 새와 짐승의 삶의 방식과 땅의 도리를 살폈다. 멀리는 만물에서 이치를 취하
고 가까이는 자기에게서 이치를 취했다."[51] 꿈틀꿈틀 기어가는 미물의 움직임을
보고 앞으로 나아가고 뒤로 물러나는 진퇴를 만들고 그것을 춤의 기본법도로 삼
았다. 당시 진퇴를 춤의 법도로 삼은 궁극적인 목적은 사람들이 세상을 살아가
면서 지켜야 할 '읍양揖讓'[52]의 예의범절을 표상하기 위해서였다.

읍양은 옛사람들이 가장 중요하게 여겼던 예의범절로 『서경書經』에 의하
면 "너그럽되 지조가 있어야 하고, 부드럽되 뜻이 있어야 하고, 질박하되 겸공
해야 하고, 다스림에는 공경스러워야 하고, 혼란 속에는 의연해야 하고, 올곧
되 온화해야 하고, 간결하되 청렴해야 하고, 꿋꿋하되 냉철해야 하며, 굳건하되
의로워야 한다."[53]고 전한다. 옛 춤(문묘일무)에서는 이 같은 덕목을 '공경恭敬·

사양辭讓·겸양謙讓'의 세 가지 춤사위로 표현하였는데 반드시 '삼진삼퇴三進三退'의 법도를 삼아야만 그 의미를 나타낼 수 있다. 세 걸음 앞으로 나아가 공경을, 세 걸음 뒤로 물러나 사양을, 앞으로 나아가고 뒤로 물러나며 겸양을 각각 나타내게 된다. 이러한 삼진삼퇴를 기본법도로 삼아 공손한 태도와 공경한 마음을 배울 수 있도록 한 것이다. 그것은 사람들로 하여금 나아갈 때와 물러날 때를 스스로 잘 판단하고 실천함으로써 인성이 바른 인재로 성장할 수 있음을 가르치기 위한 것이다.

　이렇듯 예전에는 행동하는 법 하나하나를 배우고 익혀서 질서와 도리를 깨우치도록 교육하였다. 시대가 흐른 지금도 춤을 처음 배울 때는 어김없이 한 걸음 한 걸음 발을 내어 딛는 '발놀림' 동작을 익힘으로써 질서와 법칙을 배우고, 손끝으로 내 마음을 춤추는 '손놀림'을 익히면서 도리를 배우게 된다.

　춤의 시작은 예나 지금이나 대동소이하다. 삶의 법도와 도리를 배우는 과정은 손이 춤추고 발이 춤추는 '수무족도手舞足蹈'로부터 동작과 동작이 이어지고 어우러지는 '수미상응首尾相應'의 조화를 터득하게 된다. 이것이 곧 진퇴를 아울러 갖춘다는 '진퇴겸비성進退謙卑性'[34]의 춤사위로, 사람들이 서로 어울려 소통하며 살아가는 우리 삶의 모습과 닮아 있다.

　태극구조기본춤 또한 앞으로 나아가고 뒤로 물러나는 진퇴를 행하면서 사방팔방으로 손과 팔이 너울너울 춤추며 천지와 대화하고 사람들과 소통하며 자신에게 묻고 답하기를 거듭한다. 이런 과정을 통해 진퇴를 갖추어 겸비하는 것은 삶의 질서와 도리를 배우는 기초과정으로, 자신의 몸과 마음을 다스려 새로운 도약을 준비하는 겸허한 마음의 표현이자 자신을 바로세우는 입무立舞의 과정인 것이다.

2. 태극구조기본춤의 정신

1) 무舞, 수신修身

"춤은 수신이다." 춤추는 사람들에게 기본춤은 하루를 시작하는 일상과 같은 것이다. 필자는 지난 60여 년간 춤을 추고 연구하면서 '나에게 춤은 무슨 의미일까?'라는 물음을 갖게 되었으며, 인문학적 측면에서 춤을 연구하는 계기를 통해 '나에게 춤은 수신[55]'이었음을 밝히게 되었다.

옛 문헌의 기록에는 "춤은 덕을 표상할 뿐 아니라 가르침도 있다"(『반궁예악전서頖宮禮樂全書』)[56] 하였고, "군자는 수신하지 않을 수 없다."(『중용中庸』)[57]라 하였다. 여기에서 춤에 담긴 본래의 의미와 지도자가 지녀야 할 마음가짐을 엿볼 수 있다. 옛사람들이 일상의 예의범절을 춤사위에 담아 널리 가르치고자 한 것, 그리고 최고의 지도자가 수신을 통해 덕을 쌓음으로써 천하가 화평함을 얻을 수 있다고 본 것은 결국, 수신제가치국평천하修身齊家治國平天下를 꿈꾸는 이상향을 반영한 것이라 하겠다.

예로부터 동양의 예술창조는 자연의 체험 속에서 얻어지는 경험과 인격 수양에 의해서 이루어진다고 여겼다. 이를 하늘로부터 부여받은 천성, 즉 덕으로 보았으며 사람이 갖추어야 할 소양인 동시에 추구해야 할 궁극적인 목표로 생각하였다. 그리하여 동양의 예술은 전인적 인간상을 구축해 나아가는 하나의 과정과 수단으로 여기게 되었다. 전인교육의 목적은 세계에 속한 나 자신을 폭넓게 조망하면서 자신의 결정에 따라 스스로의 삶을 개척하고 그 결과에 대해 책임질 줄 아는 능력을 함양하는 데에 있다.

예술과 전인교육의 관계는 유가의 예악사상에서 확실하게 엿볼 수 있다.

예禮는 도덕적 행위를 뜻하는 것으로서 사회질서의 기준으로, 악樂은 사람들의 감정과 마음을 조화롭게 하는 수단으로 여겼다. 이처럼 악은 인격완성을 위한 필수조건으로 악가무의 예술 활동을 통해 학문의 완성을 이룰 수 있다고 보았다. 예와 악은 불가분의 관계로 예가 인간의 행위규범이라면 악은 인간의 정서를 화평으로 이끄는 가장 세련된 예술이다. 일반적으로 지식은 학습을 통해 얻을 수 있지만 미덕이나 인격적 성숙은 실천을 통해 이룰 수 있기 때문에 옛사람들은 춤으로 마음의 성찰을 실천하는 법을 익히도록 했던 것이다.

인문학적 관점에서 보면 춤에서 수신이란, 몸짓을 통해 몸과 마음을 바르게 하는 수련과정으로 인격수양의 길이라 하겠다. 그것은 기본춤으로부터 시작되는 예술 활동의 경험을 통해 오랜 세월 자신을 갈고닦는 수신의 길인 것이다. 인격적 성숙에 다다르기 위한 몸짓은 꾸밈이 없는 자연스러운 것에 의미가 있을 것이다. 춤추는 사람과 감상하는 사람이 서로 마음을 나누는 공감대가 이루어졌을 때 춤의 가치를 찾을 수 있을 것이기에 춤추는 사람의 성품을 기르고 닦는 인격적 성숙의 함양은 더욱 중요하게 여겨진다.

2) 무舞, 심무心舞

"춤은 마음을 춤추는 것이다." 고대동양의 춤의 역사를 살펴보면 원시인들은 삶의 안녕을 위해 본능적인 소리와 몸짓으로 신에게 예를 행하였고, 황제가 나라를 통치하는 시기에는 그들의 업적을 기리기 위해 춤을 만들었다. '육대대무六代大舞'[158], 즉 고대 여섯 황제를 상징하는 춤인 황제의 운문雲門, 요임금의 함지咸池, 순임금의 대소大韶, 우왕의 대하大夏, 탕왕의 대호大濩, 무왕의 대무大武를 만들어서 천지인 등을 대상으로 하는 각종 제례뿐만 아니라 궁중의 연례행사와 인

　　재양성을 위한 교육 목적으로 널리 사용하였다. 이후 인문정신이 대두됨에 따라 사람들이 '서로가 주고받는 예授受之禮'를 상징하는 춤을 만들게 되었다. 시대의 흐름과 맥을 같이하는 춤은 원시인들이 하늘을 향해 기원하던 단순한 몸의 형식에서, 국가의 질서유지를 위한 수단으로, 더 나아가 사람과 사람 그리고 사람과 사회가 화합하는 기능과 철학적 의미를 갖추게 된 것이다.[59]

　　춤은 어느 시대 누구를 대상으로 하든지 간에 정성을 다하는 마음으로 행해졌음은 공통적이다. 태극구조기본춤에서 필체의 춤사위를 춤의 정신으로 삼은 것은 몸 이전에 마음가짐이 중요함을 내포한 것이다. 붓글씨를 쓸 때 붓을 제대로 세우면 글자에 혼이 실린다고 하듯이 춤사위 하나하나에 마음의 혼을 담는다. 이는 붓질보다 뜻이 먼저인 왕희지의 필법 '의재필선意在筆先'[60]과 같은 의미로, 무용에서는 뜻이 춤보다 먼저인 '의재무선意在舞先'[61] 즉 생각 없이 동작을 행하는 것을 경계한다는 뜻이다. 춤추는 사람의 모습에서 그 사람의 마음을 알 수 있듯이, 무용은 마음이 외적으로 표출되는 예술이기 때문에 춤추는 사람의 마음가짐이 중요하다.

　　필자가 무용을 '의재무선'으로 이해하게 된 배경은 고대 황제들을 상징한 춤인 육대대무(일무)에서 찾을 수 있었다. 공자는 육대대무 중에서 "순임금의 대소를 진선진미盡善盡美로, 무왕의 대무를 진미미진선盡美未盡善"(『논어』)[62]으로 평가한 바 있다.

　　대소는 문덕을 상징하는 춤으로 '아름다우면서도 또한 선하다'라 한 것이고, 대무는 무공을 상징하는 춤으로 '아름답기는 하나 선하지는 못하다'라 한 것이다. 진선진미는 덕성의 아름다움뿐만 아니라 예술적 아름다움도 뛰어나다는 의미이다.[63]

공자가 말한 진선진미의 사유는 서예를 '심화心畵[64]'로 이해하는 데 큰 영향을 주었으며, 필자로 하여금 무용을 '심무心舞'로 개념화하도록 하였다. 예술작품은 미적인 것도 중요하지만 작품을 만드는 사람의 인품 또는 마음가짐이 중요한데 그것은 기교를 이루는 근간이 되기 때문이다. 춤의 역사를 볼 때 시대와 신분의 높고 낮음을 막론하고 춤은 인격형성을 위한 최고의 교육이었다. 신에게 삶을 기원하는 춤, 황제를 기리는 춤, 사람 간에 화합을 중시한 춤 등 외적으로 드러난 춤의 형상은 차이를 보이지만 내적인 마음을 우선시하였던 것은 모두 같다.

춤의 기능이 아무리 뛰어나다고 해도 그 사람의 덕성[65]과 품성에 따라 예술의 가치가 달라진다. 마음에서 우러나오는 생각을 자연스럽게 표현하기 위해서는 '한 동작一舞의 원리와 이치'의 깊이를 꿰뚫어보고 또 진리를 터득할 수 있어야 한다. 여기에서 한 동작을 뜻하는 일무一舞의 일一은 마음心을 의미하는 것[66]으로 마음을 맑게 하여 자신의 본성을 깨달음에 의미를 둔다. 그러나 한 동작의 작용은 매우 커서 신비한 자연의 경지에서만 보이며, 보통 사람은 그 작용이 무엇인가를 알기 어렵다.[67] 한 동작은 '한 호흡' 안에서 시작되는 발끝과 손마디 하나의 춤동작 차이에서 시작된다. 춤동작 하나는 글씨의 한 획과 같은 이치로 "일획一畵은 만획萬畵의 근본이며 만 가지 형상을 그리는 근원[68]"이 된다고 하였듯이 한 동작을 제대로 깨우치는 것은 만 가지의 동작을 깨우칠 수 있는 지혜를 얻게 된다.

"하나의 도道로 모든 도를 통한다."(『논어』)[69] 하였듯이 기본춤 한 동작을 잘 이해하여 그 이치를 깨닫게 되면 춤사위는 거침없이 뜻을 따르게 되고 질주하듯 움직임이 민첩하고 모양새가 자유롭게 반전하며 그 형태는 광활해진다. 앞으로 나아감이 기세가 있고, 뒤로 물러남이 높은 곳에 머물러 있는 것이 되니 모든 것이 어그러짐이 없는 것이다. 이런 관점에서 내적인 호흡, 즉 마음을 우선 시하는 태극구조기본춤은 춤추는 사람 자신의 마음을 표현하는 심무인 것이다.

3) 무舞, 품격品格

"춤은 품격을 갖추는 길이다." 춤의 품격은 학이시습學而時習, 즉 학습을 통해 갖출 수 있으며 그것은 수신의 첫걸음이다. 『논어』 첫머리의 학이시습은 '배운 것을 때때로 복습한다'[70]는 뜻으로 복습의 중요성을 이야기한다. 또한 공부하는 마음가짐에 대해서 이르기를 "아는 것은 좋아하는 것만 못하고, 좋아하는 것은 즐거워하는 것만 못하다."[71]라 하였다.

학습의 반복은 수신을 행하는 가장 중요한 방법이자 과정으로 마음을 담아야 한다. '학습學習'의 '습習'은 원래 새의 깃털을 의미하는 글자로 새끼 새가 스스로 하늘을 날기 위해 날갯짓을 반복해야 함을 상징한 것이다. 학문은 배움이 끝이 아니라 복습을 통해 자기 것으로 만드는 것이 중요하듯이 춤도 그렇다. 하루도 거르지 않는 기본춤의 훈련은 단순히 기능만을 구하는 것이 아니라 자기의 개성을 찾기 위한 창조정신의 토대를 마련하는 과정이기도 하다. 더욱이 학문의 실질적 완성은 예술교육을 통해 이루어지게 되므로 춤을 배우고 익힐 때는 마음가짐을 겸허히 하는 것을 염두에 두어야 한다.

태극구조기본춤 또한 단순한 기교의 습득을 넘어 배움을 응용할 수 있는 창의정신을 추구한다. 12단계의 춤은 일정한 틀 속에서 각자의 생각과 개성을 존중하는 자유로움이 존재한다. 같은 동작을 하더라도 똑같이 움직이는 것을 지양하고, 자신의 움직임을 스스로 만들어 자신만의 존재감을 드러내는 것을 지향한다. 춤추는 사람마다 호흡의 길이, 동작의 크기, 힘의 세기가 다르고, 느낌이 다르기 때문에 자신의 춤을 스스로 생각하고 분석하는 습관을 갖는 것이 바람직하다. 여기서 중요한 것은 에너지를 몸속으로 끌어들이고, 또 몸 밖으로 분출하면서 전후좌우를 춤추고 내외를 춤추게 되는데, 이때 내적인 마음과 외적으로 표출되는 동작이 '어느 한쪽으로 치우치지 않고 조화를 이루어야'[72] 한다.

건강한 정신이 건강한 몸을 만들고, 건강한 몸이 건강한 정신을 만들듯이 기본춤 또한 건강한 심신을 위하여 몸 자체의 숙련이 중요하지만 궁극적으로는 마음을 닦는 수양에 있다. 예술교육에서 기교 이전에 마음수양을 강조하는 것은 기본적으로 마음상태에 따라 작품에 담긴 품격과 표현된 형상이 달라지기 때문이다.[73] 춤추는 사람이 반복훈련을 통해 자신의 마음을 다스림으로써 예술의 완성을 이루는 것은 결국 자신의 덕성을 쌓아 인격완성을 향하는 길이다. 인격완성은 곧 사람의 품격을 드높이는 것으로 예로부터 품격을 달리하는 네 가지 수준이 있었다.

품격에는 '능能 · 묘妙 · 신神 · 일逸'[74]의 네 가지 품격이 있다.

첫째, '능품能品'의 단계는 있는 '재능才能'을 나타내는 것으로 재현의 충실한 묘사이다. 동양미술에서는 똑같이 닮게만 그리는 데엔 정신 자체가 존재하지 않는다고 보았기 때문에 가장 낮은 단계로 평가되었다.

춤에서의 능품은 배운 춤동작을 그대로 잘 재현했을 때 이에 해당될 것이다. 스승과 똑같이 춤을 추었을 때 '춤을 잘 춘다'라는 말을 듣던 시기가 있었다. 그러나 시대가 급변하고 춤에 대한 인식이 달라짐에 따라 기능 위주의 평가는 변화되었다. 같은 춤을 추더라도 자신의 색깔을 어떻게 잘 나타내느냐가 더 중요한 평가의 기준으로 인식되면서 춤을 잘 춘다는 의미가 달라졌다. 춤의 기교보다 춤추는 이의 생각과 개성을 드러내는 정신세계가 중요하게 여겨진 것이다.

둘째, '묘품妙品'은 자기만의 '개성個性과 스타일'을 보여주는 단계이다. 능품의 단계를 지나 교묘하고 빼어난 묘품의 경지를 표현한다는 것도 쉽지는 않다. 이는 진정한 자기 색깔을 갖춘 단계라고 할 수 있다.

춤을 단순히 잘 추는 것을 넘어 자신만의 개성과 독창성을 갖추었을 때 이에 속할 것이다. 자신의 생각이 반영된 춤의 세계를 구축하는 단계로 자신의 춤 틀을 갖추어야 한다. 기능을 연마한 후 그것을 자신의 것으로 창조할 수 있는 창의정신이 필요한 것이다. 옛말에 호랑이를 그리는 것은 쉽지만 그 기개氣槪를 그리는 것은 어렵다고 하였듯이, 겉모습의 아름다움뿐만 아니라 보이지 않는 내면의 세계를 표현해낼 수 있어야 한다. 춤도 이와 마찬가지로 겉으로 드러나는 동작의 완벽함은 물론 내면의 아름다움을 표현하고 느낄 수 있어야 할 것이다.

셋째, '신품神品'은 인간의 예술표현 기교가 거의 '입신入神'의 경지에 이르렀음을 의미한다. 신은 통상 전지전능의 존재로 이해되기에, 신품의 단계는 예술 자체뿐 아니라 그 예술의 둘레와 이면 및 배후 모두를 터득한 경지라고 말할 수 있다.

춤에서 신품의 단계는 기교와 개성을 뛰어넘어 깨달음으로 향하는 단계이다. 뛰어난 품위를 지니는 경지로 기교가 초일超逸, 즉 표현이 극치의 경지까지 이르고, 다각적인 측면에서 춤을 꿰뚫어볼 수 있는 신명神明의 경지에 다다랐을 때, 즉 춤이 신비한 경지에 다다르게 되는 그 원리와 이치를 깨닫는 단계가 신품일 것이다.

넷째, '일품逸品'은 품격의 마지막 단계이다. '일逸'이라는 글자는 '벗어난다'라는 뜻으로 일품의 경지는 정해진 궤도에서 '이탈離脫'하는 것이다. 여기서 정해진 궤도라는 것은 상식·규정·지침을 말하는 매뉴얼을 뜻한다. 일품은 고정된

체계 자체를 부정하기 때문에 일품의 예술적 표현은 일률적이지도 않고 평가기준이 정해져 있지도 않다. 있는 듯 없는 듯 들쑥날쑥한 표현도 그렇지만, 뭘 말하려는지조차 가늠하기 어렵기도 하다. 그것은 그 무엇에도 얽매이지 않는 자유자재라고 말할 수 있다.

춤에서 일품의 단계는 아무 기교 없이 그저 팔 하나만 들어도 춤이 되는 아주 깊고 깊은 경지일 것이다. 앙상한 나뭇가지처럼 노쇠한 춤꾼의 모습에서 인생의 삶이 묻어나는 것은 아름다움의 으뜸일 것이다. 그것은 곧 세속적인 것으로부터의 초탈과 상식적이고 일반적인 법규에 거리끼지 않는 자유자재의 경지를 나타내는 최고의 품격으로, 최고의 경지에 오른 사람은 불필요한 말이나 기교가 필요 없이 그저 묵언할 뿐이다. 나이 든 춤꾼은 추켜든 팔동작 하나에 모든 것을 담는다.

결국 능·묘·신·일에 다다르기 위한 길고 긴 학습의 과정은 자기수양의 길로 품격을 갖추어가는 길일 것이다. 춤을 처음 배우는 기본춤의 시작으로부터 예술의 깊이를 더해가는 과정은 기교뿐만 아니라 인격적 성숙을 더해가는 끝이 없는 고행의 길이다. 그것은 기능 연마의 재주를 익히는 학습단계인 '능'을 거쳐 자신만의 교묘하고 빼어난 개성을 찾아가는 '묘', 깨달음을 통해 자신의 춤 세계를 확립하는 신명의 세계에 다다르게 되는 '신', 그리고 가만히 서서 팔 한 자락만 들어도 춤이 되는 아주 뛰어난 초월의 경지에 다다르는 '일'에 이르기까지 춤을 통한 성숙의 과정은 인격수양을 위한 길인 것이다.

기본춤은 품격을 갖추어가기 위한 첫걸음인 동시에 깨달음을 얻을 수 있는 수신의 춤이다. 결국 길고 긴 여정의 춤은 수신修身이자 심무心舞이며 품격品格을 갖추어가는 길이기에 명무名舞가 되어서도 기본춤을 게을리 하지 않는다.

최고의 예술작품은

자신의 깨달음으로부터 창조된다.

임학선

조선일보 1998. 11. 24.

"태극구조 과학적 원리 깨우쳐"

 **인터뷰**

데뷔 20년 기념공연 갖는 임학선 씨

『한국 춤은 점에서 시작해요. 그 점이 직선, 곡선으로 이어져 원형이 되었다가 다시 점으로 돌아가지요.』

안무 활동을 시작한지 올해로 20년. 한국무용가 임학선 (林鶴璇·48·성균관대 무용과 교수)씨가 한국춤의 기본틀을 정리, 무대에 올린다. 27, 28일 서울 문예회관 대극장에서 공연하는 데뷔 20주년 기념 공연에서 초연하는 「태극 구조의 기본춤」이다.

『한국 춤이 점과 선, 원형으로 이뤄진 태극 구조라는 주장은 널리 알려진 사실이에요. 하지만 정작 구체적 내용에 대해선 연구된 바가 없었습니다.』전통춤 정신과 실체를 쫓아 10년 넘게 굿판을 찾아다니고 「창무회」대표로, 서울예술단 무용감독으로, 수많은 작품을 만들고 학생들을 가르쳤다. 그때마다 항상 고개를 드는 의문은 「한국춤의 과학적 원리」였다고 그는 털어놓았다.

열쇠는 한국 춤의 아버지로 불리는 한성준 연구에서 찾았다. 93년 한양대에서 박사 과정을 시작한 그는 「명무 한성준의 춤 구조 연구」를 학위 논문으로 내놓으며 태극 구조 기본춤을 과학적으로 증명, 지난 2월 학위를 받았다.

임씨가 찾아낸 「태극 구조」 춤사위는 글씨체에 빗대 필(筆)체(직선), 학(鶴)체(S선), 궁(弓)체(원형)로 구분된다. 임씨는 여기에 호흡법, 춤 기법을 적용, 총 36개의 동작 유형으로 나눴다.

이날 공연에는 임씨 대표작 「우리, 둘」(86년 초연), 「민들레 왕국」(89년), 인다리(85년), 도르래(81년), 새다림(83년), 마음꽃(92년)도 함께 공연된다. (02)760-0604.

<李美京기자·mklee@chosun.com>

춤작가 데뷔20년 기념공연 임학선씨

"이제는 몸으로만 느껴왔던 우리 춤을 과학화할 때가 됐습니다. 그저 두루뭉수리 덩어리로 전수돼 온 전통의 춤사위를 해체해 36개의 동작으로 체계화한 것이 '태극구조의 기본춤'이지요. 호흡의 변화와 동작선의 흐름을 기준으로 정리했습니다"

중견 한국무용가 임학선씨(성균관대 교수). 창무회의 초기 대표로서 한국 창작춤의 새

'태극구조의 기본춤'으로 우리춤 과학화에 도전

로운 해법을 제시하는데 주도적인 역할을 했던 그가 춤작가 데뷔 20주년을 맞아 27~28일 오후 7시 30분 문예회관 대극장에서 기념공연을 갖는다. 78년 발표한 첫 작품 '거미줄'이후 '도르래'(공동 안무)와 '민들레 왕국' '마음꽃' 등을 통해 종래 우리 춤에서는 볼 수 없었던 조형적인 미의 세계를 구축했던 그가 자신의 대표작을 선보이며 미래의 창작 방향도 제시하는 의욕적인 무대.

특히 이번에 처음 발표하는 '태극구조의 기본춤'은 근대춤의 아버지인 한성준의 춤을 텍스트로 삼아 우리 춤의 동작과 기법을 분해·재조립한 획기적인 시도다.

전통을 기반으로 자신만의 기본무를 만들어낸 셈이다.

지금까지 비슷한 작업을 시도한 무용가가 없지 않았지만 그의 이 춤은 몸풀이에 머무르지 않고 기본무 자체가 창작의 단위가 되도록 구성한 점이 돋보인다.

"전통을 기본으로 한 다양한 창작이 이뤄지고 있지만 우리 춤의 원리에 대한 올바른 이해와 특별한 방법론을 갖지 못하면 성과를 얻기 힘들지요. 20년의 실험 끝에 다시 원점에 돌아온 느낌입니다만 이제부터가 진정한 시작이라는 생각으로 태극구조의 기본춤을 발전시켜 나가고 싶습니다"

소담스런 결실을 들고 춤 인생을 중간 결산하는 그의 이번 공연에는 무용가의 길을 함께 걷고 있는 동생 현선씨(대전대교수)도 출연한다(760-0604).

이은경

한국창작춤 새 방법론 제시

임학선 「안무가 데뷔 20주년」기념공연 눈길

「도르래」·「마음꽃」등
시기별로 작품 펼쳐

한국 창작춤의 새
방법론을 제시
춤사위가 펼쳐
화제의 무대는

3일 오후7시30분 서울 대학로
회관 대극장에서 펼쳐지는 임
성균관대교수)의 「안무가 데
주년 기념공연」.

화선은 안무를 시작한 이래
춤을 추자」는 화두로 점철하
창작기와 소재 개발, 표현기법
게 주력하던 중도기를 거쳐 보
소재를 통해 조형성과 시각미
러내는 데 초점을 맞춘 90년
반이후의 경향에 이르기까지
을 거듭해온 안무가. 특히 최
어 우리 전통춤의 기본틀을
구조의 기본춤」으로 요약, 우
작춤의 새로운 방법론으로 제
눈길을 끌고 있다.

이 이번 무대에서 자신의 시기
품들을 가지런히 펼쳐보일 예
기에 따라 초기작인 「도르래」
림」「인다리」와 중기작인 「우
」「마음꽃」등이 다채롭게 무
수놓는다.

히 이번 프로그램중 임학선의

과 함께
시선을

그러나
한일간
구조의
되는 전
법의 변
대로 우
안, 일반
때문이다

임학선
창무회
난 78년
데뷔했
무용감독
무용으로
광복 50
서서」 등
높였다.

임학선이
을 담은
새김질」

대표작으로 꼽히는
「인다리」, 임학선이
자신의 친동생인

세계일보 1998. 11. 25.

임학선씨 한국춤 이론 체계화

27~28일 '태극구조의 기본춤' 발표

윤자경 기자

"한국춤 기법을 태극원리에 입
각해 36가지 기본유형으로 정리했
습니다. 이제 입으로만 가르치던
한국춤을 체계적인 이론에 입각해
가르칠 수 있게 된 것이지요."

중견무용가 임학선 씨(48)가
한국춤에 대한 이론을 정립하고
데뷔 20주년 기념 공연을 통해
첫 발표회를 갖는다.

그 동안 한국춤은 이렇다 할
이론적 배경 없이 구전이나 스승
의 동작을 모방하는 것으로 전해
져 왔다.

임 씨가 이번에 발표하는 이론
은 '태극구조론'. 우리춤의 근간
을 이루는 태극원리에서 이름을
따왔다.

우리춤의 동작을 처음으로 해
체·분석한 이 이론은 기존에 신
체부위별로 춤동작을 설명하던
것과는 달리 호흡을 기준으로 동
작 구조를 설명한다. 춤의 첫단
계인 숨고르기에서 끝맺음을 위
한 마지막 단계인 숨고르기까지
를 12단계로 나누고 이를 다시
필체(筆體) 학체(鶴體) 궁체(弓
體)로 구분해 총 36가지 기본 춤
동작으로 정리했다.

예를 들어 필체의 찍기라 하면
그에 해당하는 동작을 지칭하게
되는 것이다.

"동작의
기본틀은
제가 배운
한성준 류
경기 무에
서 따왔으
나 정리된
36가지 동
작에는 한
국춤에 나

오는 모든
움직임이 포함돼 있습니다."

그 동안 호흡법을 정리하려는
이론적인 시도는 있었으나 한국
춤동작 전반을 이론화해 분석 정
리하기는 임 씨가 처음이다.

임 씨는 이미 작년 '태극구조
론'으로 한양대에서 박사학위를
받았고 올 9월 학술 심포지엄에
서 공식적으로 인정을 받았다.

"이렇게 준비한 이론이 내년
쯤에는 책으로 묶여 나옵니다.
한국춤 학도들에게도 이론교본이
생기게 되는 것입니다."

78년 '거미줄'로 데뷔해 올해
로 20년을 맞은 임학선 씨는 한
국춤의 정통성 찾기와 새로운 스
타일 모색에 힘써 왔다.

'굿에서 태극에 이르기까지'라
는 제목으로 공연하는 20주년 기
념공연은 동생 임현선도 참여해
11월 27~28일 문예회관 소극장
무대에 오른다. (02)760-0604

매일경제 1998. 11. 24.

태극원리로 한국춤사위 정리

임학선씨 27·28일 '태극舞' 발표회

안무가 데뷔 20년을 맞은 중견무용가 임학선씨가 태극구조를 응용한 기본춤을 오는 27~28일 오후 7시30분 문예회관대극장에서 발표한다. 「태극구조의 기본춤」이란 전통무용의 과학적 전수를 위해 임씨가 새로 고안한 훈련법.

점·선·원의 원ᆞ
맺음·어름·풀ᆞ
춤 기본동작에
창작무용 함께

단순한 몸만들기 동작ᆞ
한국춤 구조에 대한 올바ᆞ
효과적 교육을 목표로 함ᆞ
임씨는 점·선·원으로 나
원리를 맺음·어름·풀음의
들숨·날숨·정지 등 호흡ᆞ
춤의 틀을 구체화한다. 이
표한 박사학위 논문 「명도ᆞ
구조 연구」를 확대한 것.
유형구분, 춤기법의 범위,
호흡의 변화 등의 개념을

우리춤 20년기념무대 임학ᆞ

한국경제 1998. 11. 24.

리한 데 큰 의미가 있다. 임씨는 『한국춤의 본(本)을 찾아 틀을 마련하고 이를 통해 실체를 확인하려는 것이 목적』이라고 말했다. 한편 이화여대 무용과 출신으로 한국춤의 전수 차원에 머물렀던 1970년대에 「이 시대의 우리춤을 추자」는 취지에서 창무회를 만들었던 임씨는 이번 무대를 통해 대표적인 창작춤 「우리 둘」(86), 「도르래」(81), 「인다리」(85), 「새다림」(83), 「마음꽃」(92) 등을 선보인다. 「우리 둘」 등을 공동안무했던 임씨의 동생 임현선 대전대 교수도 특별출연한다. 임학선씨는 80년대 임학선무용단을 창단, 독자적인 춤활동을 벌여왔으며 90년대 서울예술단 무용감독을 역임했다. 현재는 성균관대 교수 및 한국무용연구회 이사장. (02)760-0604

윤숭아기자

경향신문 1998. 11. 20.

태극구조의 기본춤동작 "눈여겨 봐주세요"

안의 작업에 대해 중간평가를 하고 새로운 □법론을 모색하는 자리로 마련했습니다"

□용가 임학선(48)씨가 27, 28일 오후7시3□ □회관대극장에서 안무가 데뷔 20주년 기□을 갖는다.

□ 공연에선 '도르래'(81), '새다림'(83), □(85), '우리 둘'(86), '민들레 왕국'□ 마음꽃'(92)등 그의 대표작들이 소개된□ □리시대에 맞는 한국춤'을 화두로 창무회□어 활동하던 초창기부터 무속의식을 주□로 삼은 80년대 전반기, 이후 현대적인 □조형성을 강조한 90년대초까지 그의 작□한눈에 볼 수 있는 무대다. 이번 공연

에서 눈길을 끄는 것은 한국춤의 기본원리를 체계적으로 정리한 '태극구조의 기본춤' 발표.

"학생들을 가르치면서 한국춤에 대한 이론정립이 절실하다는 것을 느꼈습니다. '태극구조의 기본춤'은 전통춤기법, 동작선, 호흡법등을 단계적으로 묶어 36가지로 유형화함으로써 창작현장에서 직접 응용할 수 있도록 고안한 것입니다"

지난해 발표한 박사학위 논문 '명무 한성준의 춤구조연구'를 바탕으로 개발한 이 기본춤은 내년 가을쯤 교본으로도 발간될 예정이다.

이화여대 출신인 임씨는 서울예술단 예술감독을 지냈으며 성균관대 교수겸 한국무용연구회 이사장으로 재직중이다. **박성완 기자 psw@**

한국무용가 임학선씨 데뷔 20주년 기념무대

춤인생 20년 작품세계 한눈에

11월 4일/ 도문예회관 대공연장

한국무용가 임학선씨(성균관대 무용학과 교수)의 작가 데뷔 20주년을 기념하는 임학선무용단의 수원 공연이 11월4일 오후7시30분 경기도문화예술회관 대공연장에서 열린다. 임학선무용단(단장 임학선)은 지난 84년부터 경기·서울지역을 주 무대로 활동해온 전문 무용단체로 한국 창작춤의 발전 및 대중화를 위해 꾸준한 노력을 펼쳐왔다. 특히 92년부터 수원 부천 이천 안양 안산 성남 용인 인천 등 경인지역에서 거의 해마다 순회공연을 가지면서 무용예술의 불모지나 다름없었던 지역에 무용을 활성화 시키고 도립무용단 발족 등 무용계 발전에 많은 영향을 끼쳤다.

경기문화재단의 후원으로 마련되는 이번 공연은 도민들에게 보다 수준높은 무용공연을 선보이면서 임학선교수의 무용 20주년을 기념하는 무대로 그동안의 작품을 통해 임교수의 무용세계와 작품의 변모과정 등을 살펴볼 수 있다.

이번 무대에서는 한국창작춤의 초창기 작가로서 창무회 회장을 역임하며 공동 안무한 '도르레'(1981년)부터 '민들레왕국'(1989년), '마음꽃'(1992년)○○ 임교수의 대표적인 안무작품과 중요무형등○ 인 전통무용 '태평무'를 선보인다.

'도르레'는 제2회 창무회 한국무용발표◯ 던 작품으로 탯줄을 상징하는 3개의 긴 ◯ 만남과 헤어짐, 삶과 죽음이 인연의 끈에 ○ 풀어지고 또한 굴러가 하나의 굴레를 이루◯ 받아들임으로써 오히려 자유로운, 어떤 ◯ 는 내용의 춤이다.

'민들레왕국'은 외세의 침략과 억압에 ◯ 꿋꿋이 이어온 우리 민족의 끈질긴 생명력◯ 삶에 비유한 작품이며, '마음꽃'은 삶을 ◯ 안을 수 있는 여인의 마음을 주제로 하여 여인의 일생에서 공통점을 찾아 표현한 작◯ 러운 실과 천의 이미지, 강한 바늘의 이미◯ 삶의 다양한 모습을 형상화해 한국여인들◯ 수놓아진 슬픔과 기쁨을 표현했는데 이 ◯ 교수의 작업동료이자 친동생인 임현선교◯ 직접 주인공으로 출연해 섬세하고 성숙된 연기를 펼쳐 더욱 관심을 끈다.

임학선교수는 이번에 '춤작가 임학선 20년 작품집'을 출간했으며 오는 11월27,28에는 서울 대학로의 문예회관 대공연장에서도 공연을 갖는다. 문의 (0331)258-6636,7

/이연섭기자

경기일보 1998. 10. 31.

임학선 안무데뷔20년 기념

○…임학선 성균관대교수가 가 데뷔 20주년 기념공연을 ◯다.

27, 28일 오후7시반 서울구 동숭동 문예회관 대극장. 창무회 발표회에서 선보인 '◯래'부터 86년 초연한 '우리, 거쳐 최근 그의 연구성과를 집◯ '태극구조의 기본춤'까지 7가◯을 이틀에 나누어 보여준다. 모두 공연하는 '태극구조의 춤'에서는 명무 한성준의 춤◯을 통해 전통춤의 기본틀을 ◯냈다는 설명. 02-760-0604(◯대 무용과)

동아일보 1998. 11.

전통춤과 무속에 뿌리를 두고 우리 춤의 현대화 작업을 계속해 온 임학선씨의 대표작이 한자리에 선보인다.

우리 창작춤 20년 회고

임학선 대표작 모음전

한국춤 창작을 주도해온 창무회의 창단 멤버로 우리춤의 현대화 작업에 주도적인 역할을 해온 무용가 임학선(48·성균관대 교수)씨가 '작가데뷔 20주년 기념공연'을 갖는다.

27일과 28일 오후 7시30분 문예회관 대극장에서 열리는 이번 공연에서는 신작 '태극구조의 기본춤'을 비롯해 '도르래'(81년) '새다림'(83년) '인다리'(85년) '우리,둘'(86년) '민들레 왕국'(89년) '마음꽃'(92년)같은 임씨의 대표작이 차례로 선보인다. 02-760-0609. 임씨는 이화여대와 대학원을 졸업하고 김매자 교수(현 창무예술원 이사장)의 영향을 받아 실험성 강한 한국 창작춤을 선도적으로 선보였던 인물.

창무회 대표를 지내던 그가 단순한 춤꾼에서 춤작가로의 길에 들어선 것은 78년. 동생이자 한국무용가인 임현선(대전대 교수)씨와 공동안무로 '거미줄'이라는 작품을 선보이면서부터다.

이후 창무회 단원들과 함께 안무한 '도르래'와 무속을 소재로 한 '새다림' '인다리'등의 작품이 호평받으면서 한국 창작무용계에서 확실한 자리를 잡았다.

'우리,둘'부터 이어진 작품을 놓고서는 관심사가 무속에서 일상의 주변 삶으로 옮겨갔다는 평을 들었다.

오랜만의 신작 '태극구조의 기본춤'은 점·선·원·점의 반복구조로 만들어진 한국춤의 기본원리를 적용한 작품. 한성준 춤구조 연구를 이론적 바탕으로 해서 만들어졌다. **안혜리 기자**

〈우리, 둘〉.

중견 안무가 임학선씨 데뷔20주년 기념공연

조형미가 돋보이는 전통 창작춤을 선보여온 중견 안무가 임학선씨가 오는 27·28일 오후 7시30분 서울 대학로 문예회관 대극장에서 '작가 데뷔 20주년 기념공연'을 한다.

창무회 시절 안무했던 〈도르래〉(81년)를 비롯해 〈새다림〉〈인다리〉〈우리, 둘〉〈민들레 왕국〉〈마음꽃〉등과 창작춤과 전통춤을 서른여섯가지 동작으로 체계화한 〈태극구조의 기본춤〉으로 무대를 꾸민다.

이 가운데 〈태극구조의 기본춤〉은 '전통춤의 뿌리 찾기와 현대적 수용'이라는 주제로 박사논문을 준비하던 중 근대무용의 선구자 한성준의 춤을 토대로 새롭게 안무한 것이다.

태권도의 품새처럼 우리 춤에 녹아 있는 여러가지 모습을 하나씩 해체해 의미를 달고, 기존의 동작 중심의 기본춤과 달리 '호흡'을 중심으로 필체(筆體), 학체(鶴體), 궁체(弓體)로 분류한 것이 새롭다. (02) 760-0604. **김보협 기자**

Movements of Korean traditional dance codified by local professor

By Kim Min-hee
Staff reporter

In classical ballet, there are five basic positions for the feet, which are the starting and ending points of the more intricate movements. They're also used by dancers to warm up.

These positions were codified as early as 1680 by Pierre Beaurchamp, a renowned dancer of his times, and later put down in writing by dance historian Pierre Rameau in "Le Maitre a danser" ("The Dancing Master") in 1725.

For the first time in Korea's dance history, Yim Hak-soon, professor of dance at Sungkyunkwan University, has codified comparable positions which are fundamental in all traditional Korean dances, such as "sungmu" and "salpuri."

"We were aware that these basic positions were inherent in our dances. But no one had attempted to arrange them systematically until now," said Yim.

She said that Korean dances consist of three basic movements that resemble a brush stroke, a crane and a bow, respectively.

"A dot, a line and a circle may be an easier way to understand these movements," Yim explained.

The repetition of these three body positions result in a shape similar to yin-and-yang symbol, she said.

Yim said these three basic body forms can be broken down into 36 smaller movements according to dif-

Yim Hak-soon

ferent techniques such as breathing, turning and jumping. To make all 36 movements, it takes about half an hour, which Yim says is an ideal length of time for warm-up.

"It used to be that students of Korean dance went straight to churning their shoulders up and down or bending their bodies forward and backward for warm-up, which can be quite harmful to the body in the long term," Yim said.

"The taeguk (Korea's version of the yin and yang) structure will also enhance foreign scholars' understanding of our dances. Until now we had no method whatsoever to present," she added.

A respected dancer-choreographer in the local modern dance circle, Yim, a graduate of Ewha Womans University, debuted here in 1978.

Since then, Yim has produced numerous works for ChangMu Arts Center, the nation's leading institute to preserve and modernize traditional Korean dance. Yim also served as a dance professor at Suwon University for 15 years before moving to Sungkyunkwan University.

Yim, tracing her life back as a dancer-choreographer, will present some of her representative works Nov. 27 and 28 at the main hall of Munye Theater in Taehangno. They include "Dorure" (1981) and "Indari" (1985) and the public premiere of her taeguk movements.

The tickets range from 10,000 won to 30,000 won. For further information, call 760-0604.

The Korea Herald, 1998. 11. 23.

COLLEGE DANCE *1999. 3. 22 C* | by Marian Horosko

TEACHERS AT HOME AND ABROAD

Gusztav Fogarassy, former **Southwest State University** dance professor, was recently named the Dance Education Teacher of the Year for 1998 by the Minnesota Association of Health, Physical Education, Recreation, and Dance (MAHPERD). Each year MAHPERD recognizes the outstanding services and contributions of a dance teacher in Minnesota.

Fogarassy was dance professor at SSU from 1970 until he retired for health reasons in 1998. His best-known work is the creation of "Dancefusion," a trademarked and copyrighted method using the principal elements of many dance forms fused into cross-training routines and choreographed performances.

Vincent Sekwati Mantsoe, **Goucher College's** guest artist in residence and recipient of The Jane and Robert Meyerhoff Visiting Professorship, performed his award-winning solo in February at Kraushaar Auditorium on campus. The South African dancer, choreographer, and teacher of afro-fusion technique, a fusion of modern dance and African tribal dances, taught master classes for intermediate through advanced dancers during his residency. Mantsoe is assistant director and resident choreographer of the Moving Into Dance Company in Johannesburg, South Africa, where he received formal training. In 1995 he won first prize at the First Contemporary African Dance Competition in Angola for his piece *Gula Matari*. In 1996 he created *Sasanka* for the Dance Theatre of Harlem, which premiered at the Kennedy Center.

Professor R. M. Mettleford, a former Rhodes Scholar and currently vice chancellor of the **University of the West Indies,** Jamaica, was present with celebrity guests including Harry Belafonte and Maya Angelou at a benefit gala for the university in January in New York City.

UWI was granted its royal charter a half-century ago by King George VI. At the time, a total of thirty-three students were enrolled at a single campus located in Mona, Jamaica. Today, with campuses in Jamaica, Barbados, Trinidad, and Tobago, and centers in all fourteen independent English-speaking Caribbean nations, this regional institution enrolls more than 20,000 students each year. The university's motto is *Oriens Ex Occidente Lux,* which translates as "A light rising from the West."

Nettleford's extraordinary career began with a degree in history at UWI, followed by postgraduate studies in politics at Oxford. He is also founder, artistic director, and principal choreographer of the National Dance Theatre Company of Jamaica and a leading Caribbean authority in the performing arts. The much decorated Nettleford has received his country's Order of Merit, the Gold Musgrave Medal (from the Institute of Jamaica), The Living Legend Award (at the Black Arts Festival in Atlanta), and was made a Fellow of the Institute of Jamaica in 1991.

For the first time in Korea's dance history, Yim Hak-son, professor of dance at **Sungkyunkwan University,** has codified positions, comparable to the five ballet positions, fundamental to traditional Korean dance, such as *sungmu* and *salpuri.* Yim points out: "We were aware that these basic positions were inherent in our dances, but no one had attempted to arrange them systematically until now."

Korean dances consist of three basic movements that resemble a brush stroke, a crane, and a bow. Yim devised a dot, a line, and a circle respectively as an easier way to understand these movements. Yim says that these three basic body forms can be broken down into thirty-six smaller movements according to different techniques such as breathing, turning, and jumping. All thirty-six movements take thirty minutes to perform, an ideal length of time, according to Yim, for a warm-up.

Yim, a dancer-choreographer, is a graduate of Ewha Woman's University. She has produced numerous works for ChangMu Arts Center, the nation's leading institute to preserve and modernize traditional Korean dance. She previously served as dance professor at Suwon University.

Towson University, in Towson, Maryland, presented "An Evening of Dance" by the university's faculty and alumni in February at Stephens Hall Theatre on the campus.

The program was an eclectic mix of ballet and modern dance by faculty, guest faculty, and alumni. *Plangent,* a contemporary work, was choreographed by faculty member and dance department chair Dennis Price. *Bibelot* was a romantic classical pas de deux. Stephanie Powell's *New Dawn* featured nineteen dancers. Guest faculty member Juan Carlos Rincones and the DC Contemporary Dance Theatre presented *Nine Love Songs and a Bucket of Tears,* a humorous and poignant tribute to relationships, performed to a suite of favorite Patsy Cline songs.

Faculty performers included Price, Powell, Rincones, Alison Crosby, Dana Martin, Nancy Wanich-Romita, Terence Duncan, and featured soloist Maureen Berry from the FOOTWORKS ensemble.

Kindly send College Dance submissions a minimum of eight weeks prior to the event to Dance Magazine, 33 W. 60th St., New York, NY 10023.

Bonus Poster Pullout: The Stars of Modern Dance

DANCE MAGAZINE

The Century Dance

Martha Graham: An American Original

Four Great Graham Women

Francie Huber: Taylor's Joyous Spirit

Australia's Stanton Welch On the Move

Readers Pick Twentieth-Century Favorites

"Most Inspiring Teacher" Contest, page 59

MARCH 1999

www.dancemagazine.com

65

Dance Magazine, USA, 1999. 3.

임학선 작가데뷔 20주년 기념 공연 〈태극구조기본춤〉 초연
문예회관대극장 1998. 11. 27-28.

제17회 한국무용제전 〈태극구조기본춤〉
국립국악원 예악당 2002. 11. 22.

제20회 한국무용제전 〈태극구조기본춤〉
성균관대학교 새천년홀 2005. 10. 1.

2014 두리춤터의 테마가 있는 한국춤시리즈
_기본춤으로 보는 한국춤의 흐름 〈태극구조기본춤〉
두리춤터 2014. 1. 14.

2015 두리춤터의 테마가 있는 한국춤시리즈
_기본춤으로 보는 한국춤의 흐름 〈태극구조기본춤〉
두리춤터 2015. 1. 26-27.

제2부 실기편

태극구조기본춤은 움직임원리에 기반하며

춤동작의 시간·공간·힘의 변화를 호흡표기법으로 기록,

움직임 기능과 예술적 표현을 향상시킬 수 있도록 구성하였다.

I. 임학선호흡표기법

임학선호흡표기법

　　'임학선호흡표기법'은 한국춤의 호흡을 시간 · 공간 · 힘으로 표기할 수 있는 기록법으로 1997년 고안되었다. 이 표기법은 춤사위 하나하나를 해부하여 움직임 특성을 분석할 수 있는 방법이다. 호흡표기법은 박사학위논문 「명무 한성준의 춤구조 연구」[75]에서 한국춤의 원리와 구조를 규명하기 위한 연구방법으로 처음 활용되었으며, 1998년 「춤표기법에 관한 연구 1」 논문으로 구체화되었다. 2006년 호흡표기법의 타당성 검증논문 「호흡구조 분석을 통한 태평무 호흡표기법 연구」[76]를 거쳤고, 그동안 석 · 박사학위 논문의 연구방법론으로 적극 활용되어왔다. 호흡표기법이 고안된 이래로 지속적인 연구와 실험은 계속되었고, 2021년 「임학선호흡표기법 실용화 방안」[77] 논문에서 누구나 쉽게 이해할 수 있도록 '호흡부호'를 최종 정리하고 이름도 '임학선호흡표기법'으로 명명하였다.

1. '들숨 · 날숨 · 멈춤'의 호흡 3유형 표기법

한국춤의 호흡은 들숨 · 날숨 · 멈춤의 세 가지 유형으로 구분된다. 임학선호흡표기법은 인체에 숨이 들어가고 빠지는 모양(부피 변화)을 도형(삼각형 · 사다리꼴)으로 활용하여 기호학적으로 표기한다. '들숨' 표기는 폐에 공기가 차오름을 상징하여 ▼▼ 기호 안에 검정색으로 채우고, '날숨'은 폐에 공기가 빠져나감을 상징하여 △△ 흰색 기호로 표기한다. '멈춤'은 공기의 출입이 없는 상태이므로 일직선(│)으로 표기한다. 임학선호흡표기법은 세로표기와 가로표기의 두 가지 방법이 모두 가능하다. 세로표기는 아래에서부터 위로, 가로표기는 왼쪽에서 오른쪽으로 읽는다.

(1) 들숨표기

들숨은 숨을 들이마시는 호흡으로 검정색삼각형으로 표기한다. 숨을 들이쉬면 아래에서부터 위로 숨이 차올라 몸이 확장된다. 그러므로 들숨의 삼각형표기는 기호가 아래에서 위로 갈수록[세로표기], 왼쪽에서 오른쪽으로 갈수록[가로표기] 넓어진다. 검정색삼각형 끝이 뾰족하게 모아진 것은 호흡이 완전히(최대한) 빠진 상태에서 시작하는 표기이고, 검정색삼각형 끝이 하나로 모아지지 않은 사다리꼴은 호흡을 의도적으로 남긴 상태에서 시작하는 표기이다.

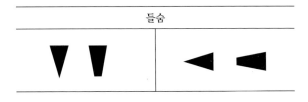

〈표4〉 들숨의 세로표기와 가로표기

(2) 날숨표기

날숨은 숨을 내쉬는 호흡으로 흰색삼각형으로 표기한다. 숨을 내쉬면 폐에 들어찬 공기가 빠짐으로 몸이 축소된다. 그러므로 날숨의 삼각형표기는 기호가 아래에서 위로 갈수록[세로표기], 왼쪽에서 오른쪽으로 갈수록[가로표기] 좁아진다. 흰색삼각형 끝이 뾰족하게 모아진 것은 호흡이 최대한 빠진 상태의 표기이고, 흰색삼각형 끝이 하나로 모아지지 않은 사다리꼴은 의도적으로 호흡을 남겨둔 상태의 표기이다.

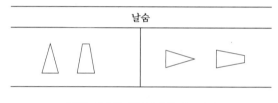

〈표5〉 날숨의 세로표기와 가로표기

(3) 멈춤표기

멈춤은 숨을 잠시 멈춘 상태이다. 멈춤의 호흡유형은 들숨과 날숨 모두 가능하며, 멈춤상태는 호흡의 변화가 없이 들숨이 멈춤으로 또는 날숨이 멈춤으로 지속되는 상태이므로 직선으로 표기한다.

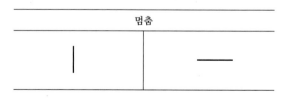

〈표6〉 멈춤의 세로표기와 가로표기

2. '시간 · 공간 · 힘'의 무용 3요소 표기법

무용은 시공時空의 예술이다. 무용의 3요소는 시간 · 공간 · 힘으로 호흡의 유형(성격)에 따라 다양한 모양으로 표기된다. '시간'은 호흡의 길이로 긴호흡 · 중간호흡 · 짧은호흡, '공간'은 호흡의 크기로 큰호흡 · 중간호흡 · 작은호흡, '힘'은 호흡의 세기로 강한호흡 · 중간호흡 · 약한호흡으로 각각 구분된다. 따라서 길거나 짧게[시간], 크거나 작게[공간], 강하거나 약하게[힘] 표기된다.[78]

무용 3요소	호흡기준	호흡기법
시간	호흡길이	긴호흡 · 중간호흡 · 짧은호흡
공간	호흡크기	큰호흡 · 중간호흡 · 작은호흡
힘	호흡세기	강한호흡 · 중간호흡 · 약한호흡

〈표7〉 무용 3요소의 호흡기준과 기법

(1) 호흡길이에 따른 호흡표기법(시간)

호흡의 길이는 음악의 박자와 비례한다. 호흡표기법의 박자표기는 장단의 길이를 알 수 있도록 음의 높이와 길이를 표시하는 조선시대 악보인 정간보井間譜[79]의 기준을 따른다. 호흡표기의 길이에 따라 긴호흡 · 중간호흡 · 짧은호흡으로 구분한다.

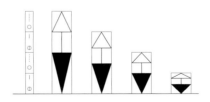

〈표8〉 정간보와 호흡길이의 세로표기(들숨－멈춤－날숨)

〈표8〉은 1박부터 4박까지 들숨과 멈춤과 날숨을 표기한 것이다. 첫 번째 호흡표기는 4박1동작을 '들숨(2박)−멈춤(1박)−날숨(1박)'으로 춤추는 것이며, 두 번째 호흡표기는 3박1동작을, 세 번째 호흡표기는 2박1동작을, 네 번째 호흡표기는 1박1동작을 춤추는 것으로서 각각 '들숨−멈춤−날숨'의 시간이 다르게 표기되어 있다. 따라서 한 호흡의 호흡표기가 길면 길수록 느린 춤동작이며, 호흡표기가 짧으면 짧을수록 빠른 춤동작이다.

(2) 호흡크기에 따른 호흡표기법(공간)

호흡의 크기는 산소량에 비례한다. 호흡표기법의 호흡크기는 막대그래프의 가로 폭에 따라 큰호흡 · 중간호흡 · 작은호흡으로 구분한다.

호흡크기	들숨 크기 표기	날숨 크기 표기

〈표9〉 호흡크기에 따른 들숨과 날숨의 호흡표기법(세로)

〈표9〉는 막대그래프의 가로 폭을 3등분하여 큰호흡, 중간호흡, 작은호흡으로 구분한다. 막대그래프 안에 호흡표기의 가로 폭이 넓을수록 큰호흡이고 좁을수록 작은호흡이다.

(3) 호흡세기에 따른 호흡표기법(힘)

호흡의 세기는 힘의 강약을 나타낸다. 호흡을 표기한 막대그래프 오른편에 별도의 부호를 표시하여 강한호흡 · 중간호흡 · 약한호흡으로 구분한다. 강약의 표기에서 ⊙부호는 약한들숨의 악센트, ◉부호는 중간들숨의 악센트, ●부호는 강한들숨의 악센트이고, ⊙은 약한날숨의 악센트, ◎은 중간날숨의 악센트, ◯은 큰날숨의 악센트 표기이다.

호흡세기	들숨 세기 표기	날숨 세기 표기
강	▼ ●	△ ◯
중	▼ ◉	△ ◎
약	▼ ⊙	△ ⊙

〈표10〉 호흡세기에 따른 들숨과 날숨의 호흡표기법(세로)

〈표10〉은 호흡세기의 강하고 약함을 구분하기 위해 호흡표기 옆에 부호를 기록한 것이다. 들숨의 세기에 따라 부호가 검정색의 '강중약' [● ◉ ⊙]으로, 날숨의 세기에 따라 부호가 흰색의 '강중약' [◯ ◎ ⊙]으로 각각 표기된다. 들숨 표기에서는 숨이 시작되는 부분에 호흡세기의 부호를 기록하며, 날숨 표기에서는 숨이 끝나는 부분에 호흡세기를 기록하되 생략해도 무방하다.

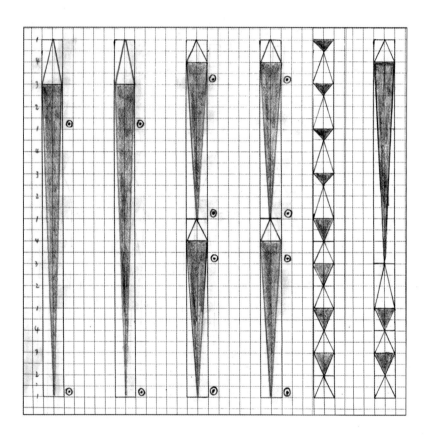

〈표11〉세로표기의 예_길고 짧은호흡(1997년 필자가 그린 표기)

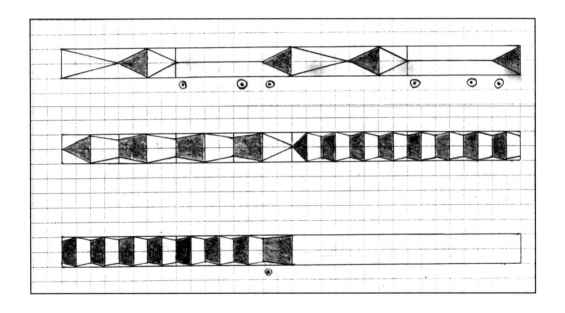

〈표12〉 가로표기의 예_기교적인 호흡(1997년 필자가 그린 표기)

3. 임학선호흡표기법 활용

임학선호흡표기법은 한국춤을 해부할 수 있는 구조분석의 첫걸음이다. 춤동작의 시간·공간·힘에 의한 변화를 호흡표기법으로 기록하고, 이 호흡의 유형분석을 통해 움직임에 대한 이해도를 높여 정확한 춤동작의 훈련 또는 재현을 용이하게 한다.

한국무용의 기능적 움직임과 예술적 표현은 리듬호흡의 운용방식과 연관되어 정신과 신체, 이성과 감성의 조화를 추구한다. 리듬의 변화와 결을 같이 하는 호흡의 운용은 기능적 움직임을 만들고, 예술적 감수성의 표현을 가능하게 한다. 그러므로 움직임 기능과 예술적 표현력을 향상시키기 위해서는 리듬패턴, 호흡유형, 움직임이 통합적으로 조화를 이루어야 한다.

〈표13〉으로 제시된 '움직임 호흡 분석틀(가로표기)'은 임학선호흡표기법을 실용화한 구조적체계이다. 분석틀에는 춤사위, 장단, 호흡표기, 호흡곡선, 호흡세기, 호흡구조를 함께 기록한다. 이는 움직임의 외적 형식과 내적 운동을 한눈에 알아볼 수 있다는 것이 장점이며, 이 분석틀을 통해 춤 구조분석 체계를 확립하여 움직임 기능과 예술적 표현을 향상시킬 수 있다.

움직임 호흡 분석틀에는 외적으로 드러나는 춤사위와 춤사위의 내적 흐름을 표기, 움직임을 만들어내는 호흡원리를 이해할 수 있도록 하였다. 따라서 분석틀을 읽을 때는 춤사위와 함께 검정색 들숨부호와 흰색 날숨부호의 모양과 변화, 실선과 점선으로 표기되는 호흡곡선의 흐름과 변화, 그리고 호흡의 세기를 나타내는 강중약의 흐름을 함께 읽어가야 한다. 각각의 표기를 통해 춤사위·춤기법·동작선·호흡의 유기적 관계를 차츰 이해하게 된다.

1단계 '숨고르기'에서 12단계 '다시 숨고르기'까지의 태극구조기본춤의 분석은 각 단계별 춤기법의 개념을 정리하고, 각 단계별 춤사위의 전체적인 흐름을 한눈에 파악할 수 있도록 여덟 개의 동작(2장단)씩 나누어서 사진으로 제시하였다. 그리고 움직임 호흡 분석틀에 여덟 개로 나눈 동작과 호흡의 흐름을 장단에 맞추어 표기, 춤사위 하나하나를 해체하고 분석하는 방법으로 접근하였다.

　　이러한 방법으로 춤사위 하나하나를 분석할 필요가 있는가? 라는 의문을 제기하는 사람도 있을 것이다. 굳이 복잡하게 따지지 않더라도 춤을 잘 출 수 있고 또 잘 만들 수도 있겠지만, 춤이 어떻게 만들어지는 것인지를 깊이 생각해 보는 몰입의 경험을 통해 스스로 춤이 무엇인지를 깨닫게 된다면 춤을 더 잘 추고 더 잘 만들 수 있을 것이다. 뿐만 아니라 더 잘 가르칠 수 있을 것이다. 이러한 과정은 결국 '창의력'을 길러 자신의 춤을 반듯하게 세우는 길이 될 것이며, 나아가 '바람직한 무용 교육 현장'을 만들어 가는 길이 될 것이다.

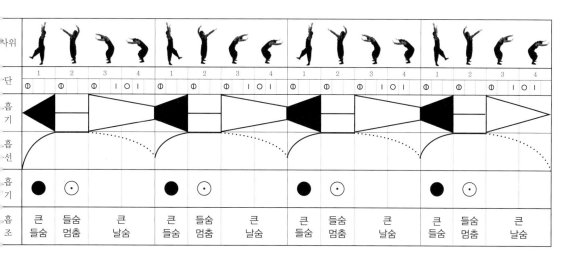

〈표13〉 '움직임 호흡 분석틀'의 예_제4단계 뿌리고−틀고−흔들기(가로표기)

II. 태극구조기본춤의 12단계

1단계 숨고르기

'숨고르기'는 춤에서 필요한 에너지를 얻는 호흡기법이다. 호흡의 흐름에 따라 척추가 직선, 곡선, 원형으로 움직이는 직선호흡·곡선호흡·원형호흡으로 구분된다. 직선호흡은 점을 낳고, 곡선호흡은 선으로 이어지고, 원형호흡은 원으로 완성을 이루는 '움직임 호흡원리'를 이해한다.

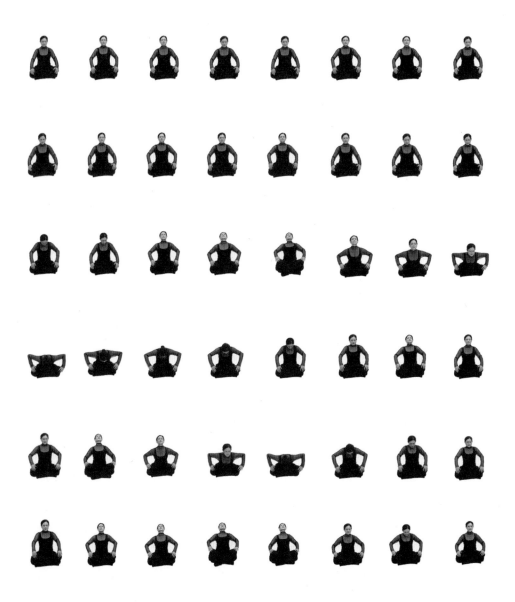

[숨고르기 첫 번째] 필체 ①, 직선호흡_점(4장단1호흡)

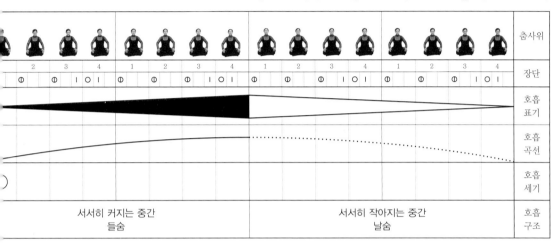

																춤사위
2	3	4	1	2	3	4	1	2	3	4	1	2	3	4		장단
⊙	⊙	⎮⊙⎮	⊙	⊙	⊙	⎮⊙⎮	⊙	⊙	⊙	⎮⊙⎮	⊙	⊙	⎮⊙⎮			호흡표기
																호흡곡선
																호흡세기
서서히 커지는 중간 들숨							서서히 작아지는 중간 날숨									호흡구조

'숨고르기'는 춤에서 필요한 에너지를 얻기 위한 호흡기법이다.

숨고르기의 필체호흡은 척추를 똑바로(⎮) 펴기 위해 아래에서 위로 위에서 아래로 움직이는 에너지의 흐름을 유도하는 '직선호흡'이다.

직선호흡인 숨고르기의 필체호흡은 약한악센트(⊙)로 서서히 커지는 중간들숨(8박)−서서히 작아지는 중간날숨(8박)의 4장단1호흡 구조이다. 호흡부호를 보면 작은 '점'으로 시작되는 검정색삼각형의 들숨부호가 차츰 벌어지면서 두 개의 선이 되고, 흰색삼각형 날숨부호의 폭이 좁아지면서 다시 점으로 만난다. 작은 점에 호흡의 기운이 더해져 두 개의 선으로 벌어졌다가 기운이 약해지면서 두 개의 선이 다시 점으로 모아지는 '움직임 호흡원리'를 이해한다.

숨고르기의 필체춤사위는 척추를 직선으로 움직이는 동작이다. 척추를 바닥과 수직이 되도록 세우고 팔을 무릎 위에 가볍게 올려놓고 부드럽게 숨을 들이쉬고 내쉬면서 움직임을 시작한다.

필체 ②. 직선호흡_점(총 8장단1호흡)

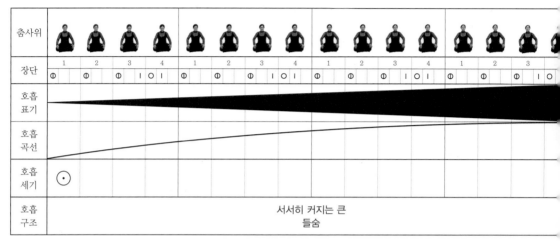

총 8장단1호흡 숨고르기의 필체호흡은 길고 큰 호흡이다. 숨을 부드럽게 들이쉬면서 척추뼈 마디마디의 사이를 늘려 공간을 만들어준다.

숨고르기의 필체호흡은 약한악센트(⊙)로 서서히 커지는 큰들숨(16박)-서서히 작아지는 큰날숨(16박)의 호흡 구조이다. 들숨과 날숨이 긴호흡부호를 보면 검정색삼각형의 들숨부호가 서서히 커지면서 호흡의 세로 폭이 차츰 넓어지고, 흰색삼각형의 날숨부호는 호흡 폭이 차츰 좁아지는 삼각형 모양으로 폐에 공기(산소)를 가득 채웠다가 비우는 호흡이다. 따라서 호흡곡선은 하단선상의 점이 서서히 상단으로 올라가 점을 찍은 다음, 하단선상에 다시 점을 찍는 곡선으로 이어진다. 결국 날숨의 끝점이 들숨의 시작점과 만나 원으로 완성되는데 그것은 호흡의 기운이 모아진 또 다른 하나의 큰 점이다. 작은 점이 모아져서 선이 되고 그 선이 길어지면서 원이 되는 것으로 점선원에서 다시 점으로 되돌아가는 '태극구조의 움직임 호흡원리'를 이해하도록 한다.

	2	3	4	1	2	3	4	1	2	3	4	1	2	3	4	춤사위
	⊕	⊕	I ○ I	⊕	⊕	⊕	I ○ I	⊕	⊕	⊕	I ○ I	⊕	⊕	⊕	I ○ I	장단

| 호흡표기 |
| 호흡곡선 |
| 호흡세기 |
| 서서히 작아지는 큰 날숨 | 호흡구조 |

　　총 8장단1호흡 숨고르기의 필체춤사위는 숨을 아래위로 들이쉬고 내쉬는 직선호흡의 동작이다. 서서히 커지는 긴들숨으로 상체를 부드럽게 들어올리며 척추를 똑바로 펴준다(16박 동안). 복부호흡(⊙)으로 시작하여 일정한 속도를 유지하면서 몸을 들어올리되 복부–가슴–목–머리끝까지 단계적으로 올려준다. 폐에 공기가 가득 차 오른 큰들숨으로 상체를 펴준 상태에서 끌어올린 숨을 역순으로 서서히 내쉰다. 머리–목–가슴–복부까지 내려가되 신체의 중심선인 척추가 무너지지 않도록 복부에 소량의 호흡을 넣어 허리를 편다. 숨을 부드럽게 들이쉬고 내쉬는 호흡에 의해 몸이 커지는 부피감을 느껴본다.

　　이러한 움직임은 태초의 작은 점으로 시작되는 호흡의 기운에 의해 호흡이 차츰 커지고 길어지면서 점이 점을 낳고 또 낳아 긴 선으로 이어져서 원으로 완성되는 것으로 그 원은 '태극'을 상징한다. 점선원의 상징인 태극의 완성은 호흡에 의해 이루어지는 것이므로 무용가에게 호흡의 이해는 필수이다.

학체 ①, 곡선호흡_선(총 8장단2호흡)

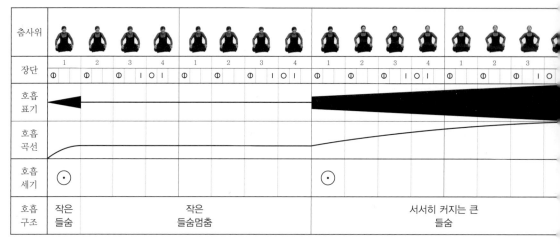

춤사위															
장단	1	2	3	4	1	2	3	4	1	2	3	4	1	2	3
호흡표기															
호흡곡선															
호흡세기	⊙								⊙						
호흡구조	작은 들숨	작은 들숨멈춤							서서히 커지는 큰 들숨						

숨고르기의 학체호흡은 척추가 에스자(S)의 곡선으로 움직이도록 에너지의 흐름을 유도하는 '곡선호흡'이다. 숨을 아래위 수직으로 끌어올림과 동시에 복부를 수축시켜 뒤쪽으로 잡아당기는 호흡이다.

곡선호흡인 숨고르기의 학체호흡은 약한악센트(⊙)의 작은들숨(1박)-작은들숨멈춤(7박)-서서히 커지는 큰들숨(8박)-서서히 작아지는 큰날숨(8박), 작은들숨(4박)-작은날숨(4박)의 총 8장단2호흡 구조이다. 들숨-멈춤-들숨-날숨이 있는 호흡부호를 보면 작은 점으로 시작된 검정색의 들숨이 멈춤으로 길게 이어지다가 서서히 커지면서 흰색의 날숨이 차츰 작아진 다음, 작은들숨과 날숨으로 마무리된다. 따라서 호흡곡선은 하단선상에서 점으로 시작하는 작은 들숨이 조금 올라가 멈춤으로 낮게 지속되다가 서서히 상승하여 상단선상에 점을 찍고, 다시 하단으로 차츰 내려가 점을 찍으면서 한 호흡을 마친 후, 낮은 곡선의 작은호흡으로 마무리된다. 호흡의 길이와 크기가 다른 리듬곡선을 그린다.

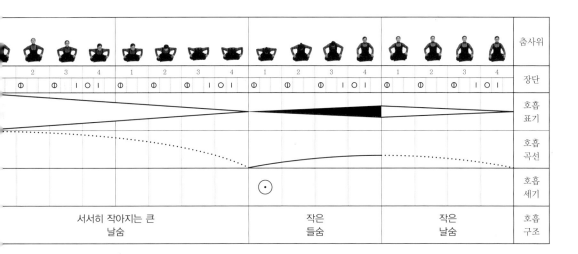

												춤사위
2	3	4	1	2	3	4	1	2	3	4	1 2 3 4	장단
												호흡표기
												호흡곡선
												호흡세기
서서히 작아지는 큰 날숨				작은 들숨				작은 날숨				호흡구조

     총 8장단2호흡 숨고르기의 학체춤사위는 척추가 곡선으로 움직이는 동작이다. 무보의 춤사위와 호흡의 흐름을 보면 복부로부터 시작되는 들숨의 기운이 위로 흐르면서 척추가 펴지고, 숨을 내쉬면서 가슴을 앞으로 밀어주면 척추가 에스자의 곡선으로 움직이는 동작에 굴곡이 생겨 동작선이 길어진다. 동작을 처음 시작할 때 약한악센트로 복부에 소량의 호흡을 넣어 작은들숨(1박 동안)을 멈춤(7박 동안)으로 지속하다가 서서히 숨을 들이쉬면서 들숨을 크게 확장시켜 상체를 위로 들어올린다(8박 동안). 숨을 크게 들이쉰 상태에서 숨을 내쉬면서 가슴을 앞으로 밀며 호흡을 풀어준다(8박 동안). 길고 큰 호흡으로 동작을 마친 후 짧고 작은들숨과 날숨으로 마무리한다. 이와 같이 호흡의 길이와 크기에 의해 움직임에 변화가 생기면서 공간에 길고 짧은 또는 크고 작은 무형의 동작선을 만들어내는 '점선원의 동작선원리'를 이해하면서 연습하도록 한다.

궁체 ①, 원형호흡_원(총 8장단3호흡)

춤사위																
장단	1	2	3	4	1	2	3	4	1	2	3	4	1	2	3	
호흡표기																
호흡곡선																
호흡세기	⊙								⊙							
호흡구조	작은 들숨				작은 날숨				서서히 커지는 큰 들숨							

숨고르기의 궁체호흡은 척추가 둥근 선(○)으로 움직이도록 에너지의 흐름을 유도하는 '원형호흡'이다. 숨을 아래에서 위로 끌어올리면서 척추가 둥글게 움직이도록 상체를 앞으로 밀어주는 호흡이다.

원형호흡인 숨고르기의 궁체호흡 구조는 약한악센트(⊙)로 서서히 커지는 작은들숨(4박)-작아지는 작은날숨(4박), 약한악센트(⊙)로 서서히 커지는 들숨(16박)-큰날숨(4박), 작은들숨(2박)-작은날숨(2박)의 총 8장단3호흡으로 짧은호흡-긴호흡-짧은호흡으로 이어진다. 호흡부호는 검정색삼각형의 들숨부호가 짧고 작은 모양과 길고 큰 모양으로 표기되는데 이것을 통해 폐에 공기가 가득 차 있는 큰호흡과 조금 들어 있는 작은호흡의 부피감을 비교해볼 수 있다. 호흡곡선은 낮은 곡선이 상단까지 차츰 올라가 점을 찍고, 날숨이 내려가 점을 찍은 후 다시 낮은 곡선을 그리는 작은호흡으로 마무리된다. 따라서 8장단 동안 작은호흡의 짧은 곡선, 큰호흡의 긴 곡선, 작은호흡의 짧은 곡선으로 표기된다.

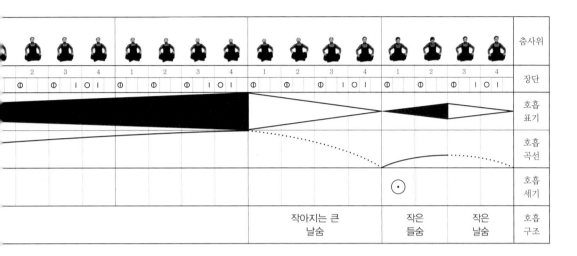

숨고르기의 궁체춤사위는 척추가 원형으로 움직이는 동작이다. 춤사위는 총 8장단3호흡 동안 이어진다. 무보의 춤사위와 호흡표기를 보면 몸을 앞쪽으로 움직일 때는 복부호흡(⊙)으로 몸을 똑바로 끌어올린 다음(작은들숨) 척추가 둥근 선이 되도록 상체를 앞으로 밀어준다(작은날숨). 이어서 몸을 뒤로 보낼 때는 복부를 끌어당겨 숨을 서서히 들이쉬면서(길고 큰들숨) 상체를 뒤쪽으로 멀리 보내 대각선으로 비스듬히 편 자세에서 상체를 끌어와 앞으로 돌아오는 (↑↓) 동작이다. 상체를 뒤에서 앞으로 끌어올 때는 서서히 내쉬는 호흡이 대각선으로 편 척추를 타고 내려와 꼬리뼈에 힘이 모아지면, 복부의 힘으로 허리를 앞으로 끌어와 제자리로 돌아오되 머리가 뒤에서 천천히 따라오도록 한다. 멈춤 없이 들숨과 날숨이 부드럽게 이어지는 춤사위이므로 움직임이 끊어지지 않도록 길고 짧은 호흡과 크고 작은 호흡을 조절할 수 있어야 한다.

[숨고르기 두 번째] 필체 ①, 직선호흡_대각선 오른쪽(4장단2호흡)

춤사위																				
장단	1	2	3	4	1	2	3	4	1	2	3	4	1	2	3					
호흡표기																				
호흡곡선																				
호흡세기	⊙							⊙												
호흡구조	큰 들숨				큰 들숨멈춤			큰 날숨	큰 들숨				큰 들숨멈춤		늘					

숨고르기의 두 번째 필체호흡은 척추를 전후좌우 대각선으로 길게 펴지도록 에너지의 흐름을 유도하는 직선호흡이다.

숨고르기의 두 번째 필체호흡(대각선 오른쪽)은 약한악센트(⊙)의 큰들숨(4박)-큰들숨멈춤(3박)-큰날숨(1박 사다리꼴), 약한악센트(⊙)의 큰들숨(4박)-큰들숨멈춤(3박)-큰날숨(1박 삼각형)의 4장단2호흡 구조이다. 호흡부호를 보면 검정색삼각형의 들숨부호가 차츰 커지는 큰호흡으로 멈춤을 지속하다가, 흰색사다리꼴 모양의 날숨부호가 짧게 마무리되는 것이 반복된다.

대각선(오른쪽) 숨고르기의 필체춤사위는 상체를 오른쪽 대각선(╲ 무용수 기준으로 본 방향)으로 기울이는 동작이다. 복부를 수축시켜 허리를 천천히 들어올리면서 척추를 바로 편 다음(4박 동안), 오른쪽 옆으로 비스듬히 세우고 잠시 멈춘다(8박 동안). 몸을 오른쪽으로 비스듬히 세울 때 왼쪽 엉덩이가 들리지 않도록 좌우균형을 잡아주고 제자리로 돌아온 후 숨을 내쉰다(4박 동안).

필체 ②, 직선호흡_대각선 왼쪽(4장단2호흡)

	2	3	4	1	2	3	4	1	2	3	4	장단
												호흡표기
												호흡곡선
⊙				⊙								호흡세기
큰 들숨			큰 들숨멈춤		큰 날숨	큰 들숨			큰 들숨멈춤		큰 날숨	호흡구조

숨고르기의 두 번째 필체호흡(대각선 왼쪽) 구조는 4장단2호흡으로 오른쪽과 동일하다. 호흡부호를 보면 들숨과 날숨의 부호가 삼각형과 사다리꼴 모양이다. 사다리꼴의 날숨부호는 의도적으로 복부에 숨을 소량 남긴 상태이고, 사다리꼴의 들숨부호는 호흡이 들어 있는 상태에서 숨을 더 들이쉬는 표기이다.

숨고르기의 대각선(왼쪽) 필체춤사위는 상체를 왼쪽 대각선(↗)으로 길게 펴는 동작이다. 복부호흡(⊙)으로 수축시키고 허리를 서서히 들어올린 다음(4박 동안), 왼쪽 옆으로 비스듬히 세우고 잠시 멈추었다가(8박 동안) 제자리로 돌아온다(4박 동안). 복부의 힘으로 비스듬히 세운 상체의 무게를 지탱하면서 몸이 흐트러지지 않도록 균형을 잡는다. 바닥에 대고 있는 오른쪽 엉덩이가 들리지 않도록 주의한다. 대각선으로 움직일 때의 호흡표기를 보면 멈춤과 멈춤 사이의 들숨과 날숨이 마름모꼴 부호이다. 호흡을 의도적으로 소량 남긴상태로 무게중심을 위로 올려준 호흡의 무게감을 느껴보도록 한다.

필체 ③, 직선호흡_대각선 앞(4장단2호흡)

춤사위																
장단	1	2	3	4	1	2	3	4	1	2	3	4	1	2	3	
	⦿	⦿	⦿ ㅣ ○ ㅣ	⦿	⦿	⦿	⦿ ㅣ ○ ㅣ	⦿	⦿	⦿	⦿ ㅣ ○ ㅣ	⦿	⦿	⦿ ㅣ ○	
호흡 표기																
호흡 곡선																
호흡 세기	⊙								⊙							
호흡 구조	큰 들숨				큰 들숨멈춤			큰 날숨	큰 들숨				큰 들숨멈춤		큰 날	

숨고르기의 두 번째 필체호흡(대각선 앞) 구조는 오른쪽 왼쪽의 움직임과 동일하게 4장단2호흡이다. 삼각형 모양과 사다리꼴 모양으로 이어지는 호흡곡선을 보면 하단선상에서 점으로 시작되는 들숨이 차츰 올라가 상단선상에 점을 찍은 후, 멈춤을 지속하다가 날숨이 조금 내려가 상단과 하단 사이에 점을 찍는다. 그다음 사다리꼴 모양으로 끝나는 날숨의 끝점에서 다시 들숨이 시작되어 상단으로 올라가 점을 찍고 멈춤으로 이어간 후, 날숨이 하강하여 하단선상에 점을 찍는 두 개의 곡선으로 표기된다.

숨고르기의 대각선(앞) 필체춤사위는 상체를 대각선 앞(↓)으로 길게 펴는 동작이다. 무보의 춤사위와 호흡표기를 보면 약한악센트의 들숨으로 복부를 수축시키고 허리를 서서히 위로 들어올린다. 가슴을 앞 대각선으로 세우고 잠시 멈춘 그 자세에서, 숨을 살짝 내쉬었다가 들이쉬어 멈춘다. 척추를 펴고 제자리로 돌아오는 움직임은 모두 큰호흡으로 이루어진다.

필체 ④, 직선호흡_대각선 뒤(4장단2호흡)

																항목
																춤사위
2	3	4	1	2	3	4	1	2	3	4	1	2	3	4		장단
																호흡표기
																호흡곡선
				⊙												호흡세기
큰 들숨			큰 들숨멈춤			큰 날숨	큰 들숨				큰 들숨멈춤			큰 날숨		호흡구조

숨고르기의 필체호흡(대각선 뒤) 구조는 대각선 앞으로 움직이는 호흡과 동일하다. 들숨의 실선이 하단에서 상단까지 상승하여 멈춤으로 이어지는 직선으로 지속하다가, 날숨인 점선이 하단으로 약간 내려감에 따라 짧은 굴곡이 생긴다. 반복구조로 이어지는 두 개의 리듬곡선을 통해 차츰 상승하는 긴 곡선과 빠르게 하강하는 짧은 곡선의 리듬 차이를 비교해볼 수 있다. 또한 멈춤으로 인해 굴곡이 생기는 움직임 호흡원리를 이해한다.

숨고르기의 대각선(뒤) 필체춤사위는 상체를 대각선 뒤(↑)로 길게 펴는 동작으로 복부의 힘이 많이 필요한 춤사위이다. 약하게 악센트를 주면서 복부에 소량의 호흡을 넣어 수축시키고 허리를 서서히 위로 들어올려(4박 동안) 등을 뒤쪽 대각선으로 길게 편다(4박 동안). 잠시 멈춘 그 상태에서 호흡이 척추뼈 마디마디를 타고 내려와 꼬리뼈에 모아지면(4박 동안), 복부의 힘으로 허리를 들어 올리면서 앞쪽으로 끌고 와(3박 동안) 동작을 마무리한다(1박 동안).

학체 ①, 곡선호흡_사방 오른쪽(총 8장단3호흡)

춤사위																
장단	1	2	3	4	1	2	3	4	1	2	3	4	1	2	3	
호흡표기																
호흡곡선																
호흡세기	⊙		⊙													
호흡구조	작은 들숨		작은 날숨		서서히 커지는 큰 들숨											

곡선호흡인 숨고르기의 두 번째 학체호흡은 척추가 사방으로 돌아가도록 에너지의 흐름을 유도하는 곡선호흡이다.

사방돌아가기의 학체호흡 구조는 약한악센트(⊙)의 작은들숨(2박)-작은날숨(2박), 약한악센트(⊙)로 서서히 커지는 큰들숨(12박)-서서히 작아지는 큰날숨(12박), 작은들숨(2박)-작은날숨(2박)의 총 8장단3호흡이다. 호흡부호를 보면 검정색삼각형의 들숨부호와 흰색삼각형의 날숨부호에서 호흡의 길이와 크기가 확연히 드러나는 차이를 알 수 있다. 호흡의 길이는 장단(박자)과 관련이 있는 것으로서 장단이 짧은 것은 짧은호흡이고, 장단이 긴 것은 긴호흡이다. 호흡의 크기는 부호의 세로 폭과 관련된다. 폭이 좁은 것은 폐에 호흡이 조금 들어찼다가 빠지는 상태의 작은호흡 표기이고, 폭이 큰 검정색삼각형의 들숨부호에서 폭이 큰 흰색삼각형의 날숨부호로 표기되는 것은 폐에 호흡이 가득 들어찼다가 빠지는 상태의 큰호흡 표기이다.

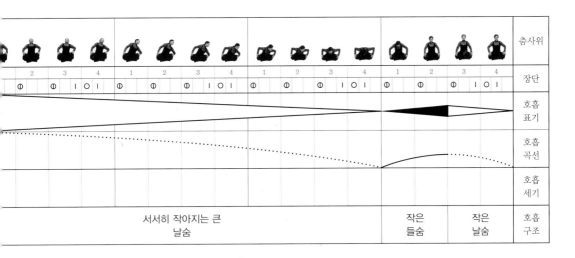

															춤사위
	2	3	4	1	2	3	4	1	2	3	4	1	2	3	4	장단

호흡 표기
호흡 곡선
호흡 세기

서서히 작아지는 큰 날숨	작은 들숨	작은 날숨	호흡 구조

숨고르기의 사방돌아가기(오른쪽으로) 학체춤사위는 앉은 자세에서 상체가 오른쪽으로 돌아가면서 사방에 점을 찍는 동작이다. 동서남북 사방으로 몸을 한 바퀴 돌리는 회전동작은 많은 양의 에너지를 필요로 한다. 그러므로 복부의 힘을 유지하되 상체 힘을 빼고 유연하게 돌아갈 수 있도록 한다. 무보의 춤사위와 호흡의 흐름을 보면 작은들숨과 날숨에 상체를 앞으로 밀어준 다음(4박 동안), 숨을 서서히 들이쉬면서 상체를 오른쪽(∪ 무용수 기준으로 본 방향)으로 180도 돌려, 척추를 뒤쪽 대각선으로 세운다(12박 동안). 이때 들숨을 유지한 상태에서 서서히 숨을 내쉬면서 가슴을 왼쪽 옆(∩)으로 밀면서 나머지 180도를 돌려(12박 동안) 제자리로 돌아온다(4박 동안). 상체를 사방으로 360도 돌릴 때 바닥에 닿은 꼬리뼈를 축으로 하여 척추가 곡선으로 휘어지면서 원을 그리는 긴 동선으로 돌아간다. 긴 동선을 그리는 움직임은 큰 들숨과 날숨으로 행해지며, 멈춤이 없는 호흡이므로 굴곡이 없는 자연스러운 흐름의 곡선을 그린다.

학체 ②, 곡선호흡_사방 왼쪽(총 8장단3호흡)

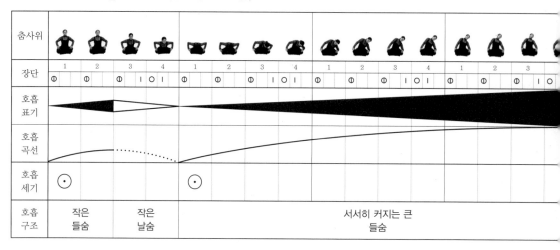

사방돌아가기의 숨고르기 학체호흡은 총 8장단3호흡으로 앞과 같다. 약한악센트(⊙)의 작은들숨(2박)–작은날숨(2박), 약한악센트(⊙)로 서서히 커지는 큰들숨(12박)–서서히 작아지는 큰날숨(12박), 작은들숨(2박)–작은날숨(2박)으로 마무리된다. 호흡곡선에서는 호흡의 기운이 약한 것에서 점점 크게 상승하였다가 다시 잦아드는 흐름을 볼 수 있다. 상체가 사방으로 돌아가는 긴 동선의 움직임에 필요한 힘을 얻기 위해 짧고–길고–짧은, 작고–크고–작은 호흡으로 리듬변화를 유도하면서 동작을 이어간다. 따라서 작은호흡의 낮고 짧은 곡선이 하단 가까이에 그려지고, 상단으로 서서히 올라가 점을 찍은 후 다시 내려가 하단에 점을 찍는다. 길고 큰 호흡곡선이 그려진 다음, 다시 작은호흡의 낮은 곡선이 하단 가까이에 짧게 그려진다. 멈춤 없이 들숨과 날숨으로만 부드럽게 이어지는 세 개의 리듬곡선으로 표기된다. 이와 같은 호흡곡선을 통해 길고 짧은, 크고 작은 호흡의 길이와 크기의 변화를 이해하도록 한다.

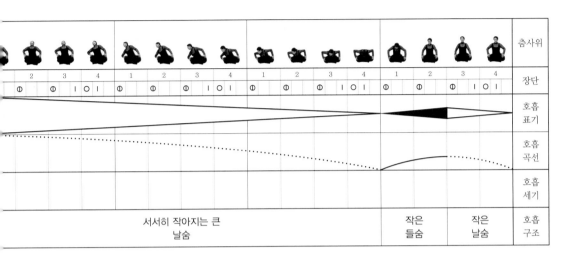

2	3	4	1	2	3	4	1	2	3	4	1	2	3	4	장단

호흡 표기
호흡 곡선
호흡 세기

| 서서히 작아지는 큰 날숨 | | 작은 들숨 | 작은 날숨 | 호흡 구조 |

숨고르기의 사방돌아가기(왼쪽으로) 학체춤사위는 오른쪽 돌아가기와 동일하다. 총 8장단3호흡 동안 왼쪽으로 360도 돌아간다. 약한악센트의 작은호흡으로 복부를 수축시키고 상체를 앞으로 밀어준 다음, 다시 복부에 소량의 호흡을 넣어 숨을 서서히 들이쉬면서 왼쪽(↺ 무용수 중심)으로 180도 돌아가 몸이 뒤쪽에 위치한다. 들숨을 크게 확장시키며 척추를 뒤쪽 대각선으로 비스듬히 세워 상체를 뒤로 기울인 상태에서 서서히 숨을 내쉬면서 가슴을 오른쪽(↷) 앞으로 밀어준다. 180도 회전시켜 360도를 모두 마치고 제자리로 돌아와 작은호흡으로 마무리한다. 상체를 사방으로 돌리는 동작에서 주의할 점은 엉덩이를 바닥에 대고 앉은 자세가 흐트러지지 않도록 좌우균형을 잡아준 상태에서 척추를 유연하게 움직일 수 있도록 복부와 흉부호흡을 조절해야 한다.

궁체 ①, 원형호흡_앞쪽(4장단1호흡)

춤사위															
장단	1	2	3	4	1	2	3	4	1	2	3	4	1	2	3
호흡표기															
호흡곡선															
호흡세기	⊙										⊙				
호흡구조				서서히 커지는 중간 들숨										중간 날숨	

원형호흡인 숨고르기의 두 번째 궁체호흡(앞쪽)은 척추의 움직임이 원으로 이어지도록 에너지의 흐름을 유도하는 원형호흡이다.

이러한 궁체호흡의 구조는 약한악센트(⊙)의 서서히 커지는 중간들숨(14박)−중간날숨(2박)의 4장단1호흡이다. 호흡부호를 보면 들숨이 길고 날숨이 짧은 중간크기의 호흡이다. 검정색삼각형의 들숨부호가 서서히 길어지고 흰색삼각형의 날숨부호가 짧다. 날숨부호가 삼각형이므로 숨을 완전히(최대한) 내쉰 상태지만 아랫배를 수축시키는 정도의 미세한 호흡을 넣는다.

숨고르기의 궁체춤사위(앞쪽)는 척추를 둥근 선(앞쪽)으로 움직이는 동작이다. 무보의 춤사위를 보면 약한악센트로 복부를 수축시켜 몸을 서서히 위로 들어주면서 가슴을 앞으로 밀어줌과 동시에, 오른손이 호흡을 따라 올라간 다음 가슴 앞으로 내밀면서 둥글게 움직이면, 척추가 그 흐름을 따라 움직이게 된다.

궁체 ②. 원형호흡_뒤쪽(4장단1호흡)

													춤사위
2	3	4	1	2	3	4	1	2	3	4	1	2	3	4	장단
													호흡 표기
													호흡 곡선
													호흡 세기
서서히 커지는 중간 들숨										중간 날숨		호흡 구조

　숨고르기의 궁체호흡(뒤쪽) 구조는 4장단1호흡으로 앞쪽으로 움직이는 호흡과 동일하다. 호흡곡선은 하단과 상단 사이에 긴 곡선으로 표기되는데 들숨인 실선이 하단선상에서 점으로 시작하여 상단으로 서서히 상승하면서 상단 가까이에 둥근 선으로 길게 이어지고, 날숨인 점선이 짧고 빠르게 하강하면서 하단선상에 점을 찍는다. 중간크기의 호흡이므로 상단선상까지 올라가지 않는다. 육안으로 드러나지 않지만 하나의 긴 곡선으로 이어진 들숨과 날숨의 호흡곡선은 호흡의 기운에 의해 중간크기의 원으로 만나게 된다. 그 원은 점에서 점으로 이어져 직선이 되고 곡선이 되면서 원으로 완성을 이룬 또 하나의 점이다. 호흡표기를 통해 점선원에서 다시 점으로 이어지는 '동작선 원리와 구조'를 이해하도록 한다.

　숨고르기의 궁체춤사위(뒤쪽)는 왼손을 가슴 앞으로 둥글게 움직이면서 일어선다. 이때 가슴을 펴면서 무게 중심을 약간 뒤쪽에 둔다.

2단계 끌어올리고 내리기

'끌어올리고 내리기'는 몸을 똑바로 세우는 기법이다. 복부호흡으로 시작되는 움직임은 발바닥, 겨드랑이, 손끝의 움직임이 동시에 이루어진다. 호흡의 기운에 따라 변화되는 움직임의 부피감과 무게감을 감각적으로 느끼면서 '필체 · 학체 · 궁체의 움직임'을 이해한다.

[끌어올리고 내리기] 필체 ①, 몸바로세우기_오른손(총 8장단1호흡)

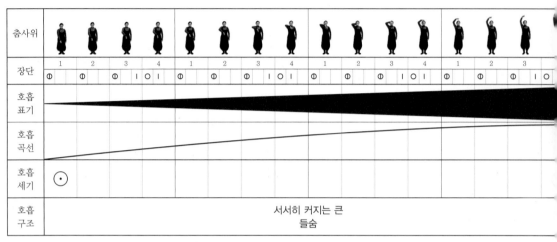

'끌어올리고 내리기'는 몸을 똑바로 세우는 기법이다.

    끌어올리고 내리기의 필체호흡은 아래에서 위로 흐르는 움직임 호흡원리, 즉 에너지의 흐름을 따라 척추가 곧게 펴지도록 유도하는 직선호흡이다.

    오른손 끌어올리고 내리기의 필체호흡은 약한악센트(⊙)로 서서히 커지는 큰들숨(17박)–약한악센트(⊙)의 큰들숨멈춤(3박)–서서히 작아지는 큰날숨(12박)으로 한 호흡이 이루어지는 총 8장단1호흡 구조로 긴호흡이다. 호흡부호를 보면 검정색삼각형의 들숨부호가 서서히 커지는 긴들숨을 멈춤으로 이어가다가 흰색날숨부호가 서서히 작아지는 긴날숨으로 표기된다. 고무풍선에 공기를 불어넣어주면 부피가 커지듯이 숨을 서서히 들어쉬면 폐에 공기가 들어차게 되어 몸이 점점 커지면서 길어진다. 이러한 호흡은 척추뼈 마디마디의 사이를 넓혀주게 되어 몸이 똑바로 펴지게 된다. 또한 멈춤호흡의 긴장을 통해 호흡의 크기와 길이의 확장성을 유도해낸다.

춤사위				장단	호흡표기	호흡곡선	호흡세기	호흡구조

								춤사위
2	3	4		1	2	3	4	장단
								호흡표기
								호흡곡선
								호흡세기
큰 들숨멈춤			서서히 작아지는 큰 날숨					호흡구조

오른손 끌어올리고 내리기의 필체춤사위는 아래위로 흐르는 호흡을 따라 오른손을 끌어올리고 내리면서 몸을 똑바로 펴고 내리는 동작이다. 복부호흡(⊙)으로 움직임을 시작할 때 발바닥과 겨드랑이와 손끝의 호흡이 동시에 따라가며, 복부–허리–가슴–목–머리와 손끝까지 이어지는 척추의 뼈 마디마디를 단계적으로 펴준 다음 손끝을 위로 살짝 뿌려준다. 숨을 내쉴 때는 몸을 위로 들어준 상태의 큰호흡을 멈춤으로 지속하다가 역순으로 서서히 숨을 내쉬며 끌어내린다. 숨을 길게 들이쉬어 오른손 끝을 머리 위에서 부드럽게 뿌려주는 순간 몸속의 기운을 몸 밖으로 내보내고, 날숨으로 팔을 서서히 끌어내리면서 손끝에 모은 외부의 기운을 몸속으로 끌어들인다. 몸 밖으로 토해내고 몸 안으로 끌어들이는 '필체'의 움직임과 내외 순환작용의 이해를 통해 뼈마디 사이사이에 공기를 넣는 호흡감각, 아래위로 움직이는 호흡의 무게감, 몸이 서서히 커지는 부피감을 감각적으로 느끼면서 훈련하도록 한다.

필체 ②, 몸바로세우기_왼손(총 8장단1호흡)

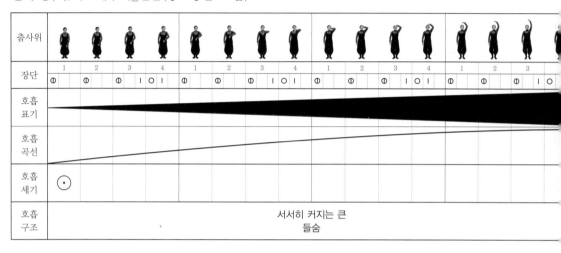

춤사위																		
장단	1	2	3	4	1	2	3	4	1	2	3	4	1	2	3		
호흡표기																		
호흡곡선																		
호흡세기	⊙																	
호흡구조						서서히 커지는 큰 들숨												

왼손 끌어올리고 내리기의 필체호흡은 오른손 끌어올리고 내리기와 동일하다. 끌어올리고 내리기는 몸을 똑바로(수직) 세우는 가장 기본적인 호흡기법으로, 일정한 속도를 유지하면서 숨을 아래에서 위로 서서히 끌어올렸다가 위에서 아래로 서서히 끌어내린다. 긴들숨에서 멈춤을 거쳐 긴날숨으로 마무리됨에 따라 호흡곡선은 완만한 형태의 긴 선으로 표기된다. 들숨이 하단에서 점으로 시작하여 상단까지 서서히 상승하면서 점을 찍은 다음, 그 상태의 들숨을 그대로 멈춤으로 지속한 후, 날숨은 상단에서 하단까지 서서히 내려가 다시 점을 찍는다. 작은 점으로 시작되는 들숨의 곡선은 순간 들숨멈춤의 기법에 의해 생겨난 것이고, 수평의 호흡곡선은 멈춤호흡과 멈춤기법에 의해 생겨난 것이다. 이것이 곧 호흡에 의해 춤기법이 창출되고, 동작선이 공간에 남겨지고 춤동작으로 완성되는 태극구조의 움직임원리로, 호흡·춤기법·동작선·춤동작이 유기적으로 작용하고 있음을 이해하도록 한다.

2	3	4	1	2	3	4	1	2	3	4	1	2	3	4	춤사위

2	3	4	1	2	3	4	1	2	3	4	1	2	3	4	장단
①	①	Ⅰ○Ⅰ	①	①	①	Ⅰ○Ⅰ	①	①	①	Ⅰ○Ⅰ	①	①	①	Ⅰ○Ⅰ	

	호흡표기
	호흡곡선
	호흡세기
큰 들숨멈춤	서서히 작아지는 큰 날숨	호흡구조

왼손 끌어올리고 내리기의 필체춤사위는 총 8장단1호흡으로 오른손 끌어올리고 내리기와 동일하다. 무보의 춤사위와 호흡의 흐름을 보면 서서히 커지는 들숨을 따라 왼손을 아래에서부터 머리 위까지 끌어올려 손끝을 부드럽게 뿌려주면서 몸을 길게 편다(17박 동안). 긴들숨으로 몸을 편 상태에서 잠시 멈춤을 유지하다가(3박 동안) 서서히 숨을 내쉬면서 왼손을 위에서부터 아래로 서서히 끌어내리며 무릎을 굽힌다(12박 동안). 이때 허리가 구부러지지 않도록 숨을 완전히 내쉬되 복부를 수축시키는 정도의 호흡을 남겨둔다. 숨을 길게 들이쉬고 내쉬는 호흡에 의해 폐에 공기가 서서히 들어차고 빠지게 되는 호흡의 무게감을 느끼면서 서서히 커지고 작아지는 몸의 변화를 느끼도록 한다. 또한 호흡으로부터 움직임이 만들어지고 춤동작으로 완성되는 변화를 감각적으로 느끼면서 움직임의 특성에 따라 저절로 몸이 반응하여 움직일 수 있도록 호흡을 연습하는 습관을 갖는 것이 중요하다.

필체 ③, 몸바로세우기_양손(총 8장단1호흡)

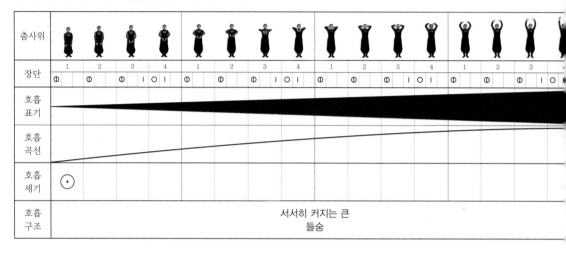

춤사위																	
장단	① 1	① 2	① 3	⊙Ⅰ⊙Ⅰ 4	① 1	① 2	① 3	⊙Ⅰ⊙Ⅰ 4	① 1	① 2	① 3	⊙Ⅰ⊙Ⅰ 4	① 1	① 2	⊙Ⅰ⊙Ⅰ 3		
호흡 표기																	
호흡 곡선																	
호흡 세기	⊙																
호흡 구조						서서히 커지는 큰 들숨											

양손 끌어올리고 내리기의 필체호흡은 한 손 끌어올리고 내리기와 동일하다. 총 8장단1호흡 구조로 검정색삼각형의 들숨부호가 길며, 호흡의 폭 또한 가득 들어차는 큰호흡이다. 따라서 호흡곡선이 하단선상에서 점으로 시작하여 상단 끝까지 올라가 멈춤을 이어간 후, 날숨으로 내려가 하단선상에 점을 찍는 하나의 긴 곡선으로 표기된다. 숨을 한 번 크게 들이쉬고 내쉬는 것을 '한 호흡'이라 하는데, 이와 같이 들숨과 날숨이 모두 삼각형 모양으로 한 호흡이 이루어진 경우에는 들숨의 시작점과 날숨의 끝나는 점이 동일하게 하단선상에 표기된다.

따라서 육안으로 드러나지 않지만 하단의 들숨 시작점과 날숨의 끝점으로 이어진 긴 곡선은 마침내 하나의 큰 원으로 만나 태극을 이루게 된다. 원으로 완성되는 우주공간(대우주)에 나 자신(소우주)이 존재함을 느껴본다.

													춤사위
2	3	4	1	2	3	4	1	2	3	4	1	2	3	4	장단
													호흡표기
													호흡곡선
													호흡세기
큰 들숨멈춤			서서히 작아지는 큰 날숨										호흡구조

양손 끌어올리고 끌어내리기의 필체춤사위는 한 손 끌어올리고 내리기와 동일하다. 복부에 소량의 호흡을 넣어 몸을 수직으로 세우되 양 다리의 안쪽 근육에 힘을 모으고 양발과 골반과 어깨가 바닥과 수평이 되도록 균형을 잡는다. 약한악센트의 들숨으로 서서히 커지는 호흡을 따라 양손을 아래에서 위로 끌어올리되 어깨가 따라 올라가지 않도록 주의하면서 손끝을 부드럽게 머리 위로 뿌려준다. 최대로 끌어올린 들숨을 멈춤으로 유지하다가 날숨으로 서서히 끌어내리되 호흡의 무게감을 느끼면서 천천히 숨을 내뱉으며 몸을 낮춘다.

무용에서는 바른 자세를 익히는 것이 가장 중요하다. 숨을 부드럽게 들이쉬고 내쉬면서 몸을 끌어올리고 내리는 동작을 익힘으로써 몸을 바로세우는 자세를 익히게 된다. 척추를 똑바로 펴는 수직적 균형을 먼저 익힌 다음, 양발과 좌우 골반과 좌우 어깨의 수평적 균형을 잡는 '수직과 수평의 균형감각'을 익힐 수 있도록 반복 훈련한다.

학체 ①, 학사위_학걸음 오른발 앞걸음(4장단1호흡)

춤사위															
장단	1	2	3	4	1	2	3	4	1	2	3	4	1	2	3
	⊙	⊙	⊙ ⏐○⏐	⊙	⊙	⊙ ⏐○⏐	⊙	⊙	⊙ ⏐○⏐	⊙	⊙	○ ⏐			
호흡표기															
호흡곡선															
호흡세기	⊙									⊙					
호흡구조				서서히 커지는 큰 들숨										큰 날숨	

끌어올리고 내리기의 학사위 학체호흡은 아래위로 흐르는 에너지의 흐름을 따라 척추가 곡선으로 움직이도록 유도하는 곡선호흡이다.

학사위의 학걸음(오른발) 학체호흡 구조는 약한악센트(⊙)로 서서히 커지는 큰들숨(14박)−큰날숨(2박)의 4장단1호흡이다. 호흡부호를 보면 검정색삼각형의 들숨부호가 긴 반면 흰색삼각형의 날숨부호는 짧다. 들숨이 서서히 커지면서 길어지는 큰호흡으로 폐에 공기가 서서히 들어차는 상태이고, 날숨은 숨을 빠르게 내쉬는 짧은호흡으로 폐에서 공기를 빠르게 비우는 상태이다.

학걸음 오른발 학체춤사위는 오른발을 한 걸음 앞으로 나아가면서 학날개를 펴고 접는 동작이다. 무보와 같이 등을 굽히고 양팔을 엉덩이 뒤로 모아 빠르게 앉음과 동시에 반동의 힘으로 끈기 있게 일어나면서 양팔을 폈다가 접으며 한 걸음 나와 앉는다. 숨을 내쉬면서 힘을 빼고 앉을 때 척추−목−머리가 자연스럽게 에스자의 곡선으로 움직이는 '학체'를 이해한다.

학체 ②. 학걸음 왼발 앞걸음(4장단1호흡)

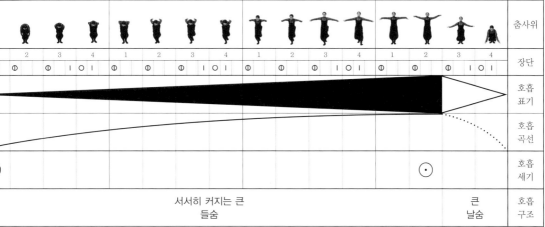

	2		3		4		1		2		3		4		춤사위
	2		3		4		1		2		3		4		장단
①		①	∣ ○ ∣	①		①		①	∣ ○ ∣	①		①		①	∣ ○ ∣

서서히 커지는 큰 들숨 — 큰 날숨 형식의 구조로 호흡표기, 호흡곡선, 호흡세기, 호흡구조가 표기됨.

학걸음 왼발의 학체호흡은 약한악센트(⊙)로 서서히 커지는 큰들숨(14박)−큰날숨(2박)의 4장단1호흡 구조로 오른발과 동일하다. 호흡곡선을 보면 들숨곡선이 하단선상에서 점으로 시작하여 상단으로 서서히 상승하여 점을 찍고, 날숨곡선이 빠르게 하강하여 하단선상에 점을 찍는 길고 큰호흡으로 표기된다. 따라서 하단 시작점에서 상단 끝까지 올라갔다가 하단으로 내려오는 하나의 긴 곡선을 그린다.

학걸음 왼발의 학체춤사위는 왼발을 한 걸음 앞으로 나아가면서 학날개를 펴고 접는 동작으로 오른발과 동일하다. 무보의 춤사위와 호흡표기를 보면 학날개를 펴고 접을 때 서서히 커지는 검정색삼각형 모양의 긴 들숨에 맞춰 양팔을 꼬리뼈 뒤로 모아 들어올리면서 옆으로 폈다가 내리면서 앉는다. 내려 앉을 때 짧은 날숨으로 호흡을 빠르게 풀어주면 척추가 에스자의 곡선을 그리면서 학체의 춤사위를 만들어낸다.

학체 ③. 학사위_학날개 펴고접기 뒷걸음(4장단2호흡)

춤사위																
장단	① 1	① 2	① 3	① | ○ | 4	① 1	① 2	① 3	① | ○ | 4	① 1	① 2	① 3	① | ○ | 4	① 1	① 2	① 3	① | ○
호흡 표기																
호흡 곡선																
호흡 세기	⊙				⊙				⊙				⊙			
호흡 구조	서서히 커지는 큰 들숨							큰 날숨	서서히 커지는 큰 들숨							큰 날숨

학날개 펴고접기(뒷걸음)의 학체호흡은 약한악센트(⊙)로 서서히 커지는 큰들숨(7박)-큰날숨(1박)의 2장단1호흡 구조로 두 번 반복한다. 호흡부호는 검정색삼각형의 들숨부호가 서서히 커지는 호흡으로 폐에 공기가 차츰 들어차는 상태이고, 흰색삼각형의 날숨부호는 숨을 빠르게 내쉬는 짧은호흡으로 폐에서 공기를 빠르게 비우는 상태이다. 들숨곡선은 하단에서 상단으로 차츰 상승하여 점을 찍고 날숨곡선이 빠르게 하강하여 2장단1호흡을 반복하게 되므로 4장단2호흡 동안 두 개의 동일한 리듬곡선을 그리게 된다.

학날개 펴고접기의 뒷걸음 학체춤사위는 날갯짓을 하면서 날아오르는 동작이다. 복부호흡(⊙)으로 날개를 펴고 접으며 앉았다가 반동의 힘으로 끈기 있게 일어선다. 한 걸음 뒤로 가면서 가슴을 열어 날개를 머리 위로 활짝 펴서 감싸 안으며(7박 동안) 빠르게 내려앉는다(1박 동안). 오른발 왼발을 뒷걸음하면서 날개를 펴고 접는다.

학체 ④. 학사위_학날개 펴고접기 제자리(4장단4호흡)

춤사위
장단	2	3	4	1	2	3	4	1	2	3	4	1	2	3	4
호흡표기
호흡곡선
호흡세기
호흡구조	서서히 커지는 큰 들숨						큰 날숨	큰 들숨			큰 날숨	큰 들숨	큰 날숨	큰 들숨	큰 날숨

학날개 펴고접기(제자리)의 학체호흡은 약한악센트(⊙)로 서서히 커지는 큰들숨(7박)−큰날숨(1박), 약한악센트(⊙)의 큰들숨(3박)−큰날숨(1박), 강한악센트(●)의 큰들숨(1박)−큰날숨(1박)−강한악센트(●)의 큰들숨(1박)−큰날숨(1박)의 4장단4호흡 구조이다. 속도(길이)와 강약(힘)의 변화가 많은 큰호흡이다. 호흡부호를 보면 들숨과 날숨의 부호가 모두 삼각형의 큰호흡이므로 폐에 공기를 가득 채웠다가 비우게 된다. 검정색삼각형의 들숨부호가 7박, 3박, 1박으로 긴 것에서 차츰 짧아지는 패턴으로 리드미컬하게 표기되며, 흰색삼각형의 날숨부호는 1박으로 모두 짧다. 따라서 호흡곡선은 하단과 상단에 점을 찍는 큰호흡으로 길이가 점점 짧아지는 리듬곡선으로 표기된다.

학날개 펴고접기의 제자리 학체춤사위는 날개를 펴고 접는 활기찬 동작으로 8박, 4박, 2박으로 속도를 달리하면서 움직임의 변화를 만들어내는 리듬호흡을 이해하게 된다.

학체 ⑤, 학사위_학다리 중심잡기(총 8장단1호흡)

춤사위																			
장단	1		2		3		4		1		2		3		4		1		2	3
호흡표기																				
호흡곡선																				
호흡세기	⊙																			
호흡구조							서서히 커지는 큰 들숨													

학다리 중심잡기의 학체호흡은 한쪽 다리를 들고 균형을 잡는 호흡기법이다. 아래에서 위로 위에서 아래로 흐르는 호흡의 흐름을 통제하는 집중력으로 상하좌우의 균형을 잡는 호흡이다.

학다리 중심잡기의 학체호흡은 약한악센트(⊙)로 서서히 커지는 큰들숨(총24박)-큰들숨멈춤(4박)-큰날숨(4박)의 총 8장단1호흡 구조로 들숨이 매우 긴호흡이다. 호흡표기를 보면 검정색삼각형의 들숨부호가 서서히 길어지면서 커지고 멈춤으로 들숨을 더 길게(총 28박까지) 이어간 뒤, 흰색날숨부호가 점점 작아지면서 삼각형으로 모아진다(4박). 리듬변화를 최소화하면서 균형을 잡아가는 호흡으로 폐에 공기를 가득 채웠다가 비우는 부드러운 호흡으로 집중한다. 따라서 실선의 들숨이 하단에서 상단으로 서서히 올라가 점을 찍고 멈춤을 수평으로 이어가다가 점선의 날숨이 하단으로 내려가는 완만한 긴호흡곡선으로 표기된다.

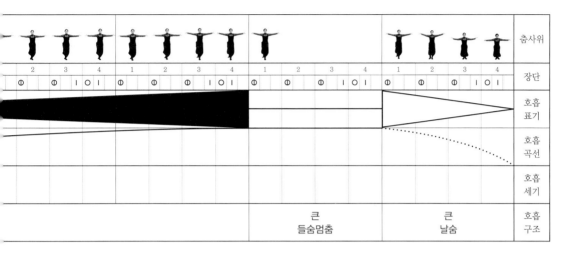

학다리 중심잡기의 학체춤사위는 한 발을 들고 양팔을 옆으로 들어 수직과 수평의 균형을 잡는 동작이다. 이때 상하수직과 좌우수평으로 흐르는 힘의 반작용을 느낄 수 있어야 한다. 총 8장단1호흡의 긴호흡으로 움직임을 절제하고 호흡에 집중하면서 '수직과 수평의 균형감각'을 익히게 된다. 무보의 춤사위와 호흡의 흐름을 보면 복부호흡($\odot$)으로 서서히 커지는 검정색삼각형의 긴들숨에 양팔을 옆으로 편 채 몸을 똑바로 펴고 멈춤으로 길게 이어가면서(총 28박 동안) 학다리로 발을 들어올리고 있다.

복부의 힘을 느끼면서 중심을 잡고 있는 왼쪽 다리는 아래로 눌러주고, 오른쪽 다리를 들어올린 상태에서 가슴까지 끌어올린 호흡을 느끼면서 몸이 위로 뻗어 오르도록 한다(힘의 반작용). 학다리로 균형을 잡아 위로 치솟아오르고 옆으로 둥글게 펴준 양팔은 좌우수평으로 균형을 잡되 가슴으로 거대한 우주를 품어 안은 것과 같은 호흡의 무게감을 느끼도록 한다.

학체 ⑥, 학사위_학다리 중심잡기(4장단1호흡)

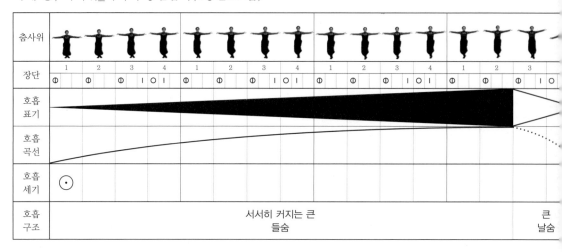

학다리 중심잡기의 호흡은 약한악센트(⊙)의 서서히 커지는 큰들숨(14박)−큰날숨(2박)의 4장단1호흡 구조로 8장단1호흡 보다 짧다. 무보의 춤사위를 보면 들숨으로 왼쪽 다리를 천천히 들어올리면서 중심을 잡고(14박 동안), 짧은날숨으로 다리를 내린다(2박 동안). 숙련도에 따라 긴호흡에서 짧은호흡으로, 또는 짧은호흡에서 긴호흡으로 변화를 주면서 몸을 들어올리고 내리는 균형잡기의 훈련을 하는 것이 효과적이다.

궁체 ①, 활사위_태극돌리기(4장단4.5호흡)

춤사위														
2	3	4	1	2	3	4	1	2	3	4	1	2	3	4	장단
														호흡표기
														호흡곡선
⊙		⊙		⊙		⊙		호흡세기
중간날숨	중간들숨	중간날숨	중간들숨	중간날숨	중간들숨	중간날숨	중간들숨	호흡구조

끌어올리고 내리기의 활사위 궁체호흡은 아래에서 위로 위에서 아래로 흐르는 에너지의 흐름을 따라 척추가 움직이도록 유도하는 원형호흡이다. 멈춤 없이 들숨과 날숨으로만 이어지는 경쾌한 호흡의 리듬변화로 생동감을 준다.

활사위의 태극돌리기 궁체호흡은 중간악센트(◉)의 중간들숨(1박)-중간날숨(1박), 중간들숨(3박)-중간날숨(1박) 세 번 반복, 중간들숨(2박)으로 이어지는 4장단4.5호흡 구조이다. 호흡부호를 보면 검정색들숨부호와 흰색날숨부호의 변화가 많다. 사다리꼴 모양의 중간크기 호흡이 지속됨에 따라 호흡곡선이 하단과 상단 사이에 그려지며 4장단 동안 규칙적인 곡선으로 표기된다.

활사위의 태극돌리기 궁체춤사위는 태극돌리기로 활을 쏘는 동작이다. 무보의 춤사위와 호흡부호를 보면 들숨과 날숨으로 끌어올리고 내리는 생동감 있는 호흡의 흐름을 따라 양팔을 가슴 앞에서 힘차게 돌려주면서 활시위를 당겼다가 풀기를 반복한다. 팔동작은 원형으로 움직이는 태극의 동작을 만들어낸다.

궁체 ②, 활사위_활시위당기기 오른팔(4장단3호흡)

춤사위															
장단	1	2	3	4	1	2	3	4	1	2	3	4	1	2	3
호흡표기															
호흡곡선															
호흡세기	●				⊙				⊙				⊙		
호흡구조	큰들숨	큰날숨	큰들숨	큰날숨	중간들숨				중간들숨멈춤				큰들숨		큰날숨

활사위의 궁체호흡은 강한악센트(●)의 큰들숨(1박)–큰날숨(1박)의 한 호흡을 두 번 반복. 약한악센트(⊙)의 중간들숨(5박)–약한악센트(⊙)의 중간들숨멈춤(3박)–약한악센트(⊙)의 큰들숨(2박)–큰날숨(2박)을 한 호흡으로 마무리하는 4장단3호흡 구조이다. 호흡표기를 보면 힘을 모아가기 위해 공기가 가득 들어차는 큰호흡이 반복된다. 검정색들숨부호의 모양이 다양하며 호흡길이가 짧은 것에서 긴 것으로 힘을 모아가는 반면, 흰색날숨부호는 삼각형과 사다리꼴 두 가지 모양으로 호흡길이가 모두 짧다.

활시위당기기(오른팔) 궁체춤사위는 활시위를 당기는 움직임을 형상화한 동작이다. 빠르고 강하게 숨을 들이쉬는 동시에 양팔을 교대로 힘차게 돌려주면서 활쏘기를 준비한다. 복부를 수축시켜 허리를 펴고 왼팔은 목표물을 향하며 오른팔로 서서히 활시위를 당긴다. 최고의 긴장감과 밀도감을 갖는 동작으로 목표물을 향해 몸과 시선을 집중시키는 '궁체'의 움직임을 이해하도록 한다.

궁체 ③. 활사위_활쏘기 왼팔(4장단3호흡)

춤사위															
장단 (2 3 4)	(1 2 3 4)	(1 2 3 4)	(1 2 3 4)												
호흡표기															
호흡곡선															
호흡세기	⊙		⊙		⊙										
호흡구조: 날숨 / 큰날숨 / 큰들숨 / 큰날숨 / 중간들숨 / 중간들숨멈춤 / 큰들숨 / 큰날숨															

활쏘기의 궁체호흡은 오른팔 당기기의 호흡과 동일하다. 들숨과 날숨의 부호가 다양한 모양으로 표기되므로 호흡곡선은 들숨이 하단에서 상단으로 급상승하여 점을 찍은 후, 급하강하기를 반복하면서 하단에 점을 찍는 두 개의 짧은 곡선, 다시 들숨이 서서히 상승하여 멈춤으로 이어졌다가 들숨이 커지면서 상단에 점을 찍은 후 하단으로 내려가는 긴 곡선으로 표기되어 4장단 동안 총 세 개의 리듬곡선이 그려진다. 변화가 많은 큰호흡과 중간호흡과 멈춤이 중간에 끼어 있으므로 하단 시작점에서 하단과 상단 사이, 그리고 상단까지 오르고 내리는 불규칙적인 곡선이 그려진다.

활쏘기(왼팔)의 궁체춤사위는 오른팔 당기기의 춤사위와 동일한 방법으로 움직인다. 들이쉬고 내쉬고 멈추는 호흡의 흐름에 따라 양팔을 가슴 앞에서 짧고 힘차게 돌리면서(4박 동안) 왼손으로 활시위를 팽팽하게 잡아당겨(8박 동안) 활을 쏘는 동작이다(4박 동안).

궁체 ④, 활사위_태극힘모으기 앞(4장단1호흡)

춤사위																
장단	1	2	3	4	1	2	3	4	1	2	3	4	1	2	3	
	①	①	①	① I○I	①	①	①	① I○I	①	①	①	① I○I	①	①	① I○	
호흡표기																
호흡곡선																
호흡세기	⊙							⊙								
호흡구조	서서히 커지는 큰 들숨												큰 날숨			

　　태극힘모으기의 궁체호흡은 약한악센트(⊙)로 서서히 커지는 큰들숨(12박)−큰날숨(4박)의 4장단1호흡 구조이다. 긴들숨으로 힘을 모아가는 호흡이다. 검정색삼각형의 들숨부호가 서서히 커지면서 세로 폭이 넓어지는 큰호흡으로 확장되고, 흰색삼각형의 날숨부호는 차츰 작아지면서 삼각형 모양으로 모아진다. 따라서 폐에 공기를 가득 채웠다가 비우게 된다.

　　태극힘모으기(앞)의 궁체춤사위는 동서남북 사방으로 돌아가면서 힘을 모아가는 동작이다. 무보의 춤사위를 보면 양팔을 교대로 돌려주면서 아래위에서 마주한 손바닥에 기운을 모아 합을 이루는 동작이다. 앞(오른손↓), 옆(왼손→), 뒤(오른손↑), 옆(왼손←), 앞(오른손←)으로 방향을 바꾸어가면서 오른손(위)과 왼손(아래)이 아래위에서 마주한 후 양손을 가슴 앞에 모아 몸을 아래로 지그시 눌러준다. 몸을 아래로 눌러줄 때 무게중심을 복부에 두도록 하여 허리가 구부러지지 않도록 하고, 몸 전체가 내려가는 느낌으로 움직인다.

궁체 ⑤. 활사위_태극힘모으기 왼쪽 옆(4장단1호흡)

												춤사위
2	3	4	1	2	3	4	1	2	3	4	1	2	3	4	장단
①	①	l O l	①	①	①	l O l	①	①	①	l O l	①	①	①	l O l	장단

호흡표기
호흡곡선
호흡세기

| 서서히 커지는 큰 들숨 | 큰 날숨 | 호흡구조 |

태극힘모으기(왼쪽 옆) 끌어올리고 내리기의 궁체호흡은 앞을 보는 동작의 호흡과 동일하다. 호흡표기를 보면 부드럽게 들숨을 이어가면서 폐에 공기를 가득 채웠다가 내뱉는 큰호흡이다. 따라서 호흡곡선은 하단선상에서 상단 끝까지 길게 이어졌다가 하단으로 차츰 내려가는 완만한 둥근 선으로 표기된다. 들숨과 날숨이 한 번 이루어진 한 호흡 상태이므로 들숨의 시작점이 하단선상에 찍혀 있고 날숨의 끝점이 동일하게 하단선상에 표기되어 있어 한 호흡을 마치게 됨을 알 수 있다.

태극힘모으기(왼쪽 옆)의 궁체춤사위 또한 앞을 본 동작과 동일한 방법으로 움직인다. 무보의 춤사위와 호흡의 흐름을 보면 양팔을 교대로 돌리면서 아래위에서 마주한 손바닥의 기운(들숨)이 가슴 앞에서 합을 이루어 아래로(날숨) 눌러준다. 사방으로 돌아가기 위해 정면에서 왼쪽 옆(왼손→)으로 방향을 바꾸어 태극사위로 모아진 양손의 기운을 지그시 눌러주면서 몸을 낮춘다.

궁체 ⑥. 활사위_태극힘모으기 뒤(4장단1호흡)

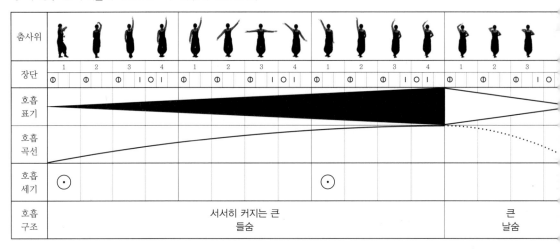

춤사위												
장단	1 ①	2 ①	3 ① ㅣ ○ ㅣ	4	1 ①	2 ①	3 ① ㅣ ○ ㅣ	4	1 ①	2 ①	3 ① ㅣ ○ ㅣ	4	1 ①	2 ①	3 ① ㅣ ○
호흡표기												
호흡곡선												
호흡세기	⊙							⊙				
호흡구조	서서히 커지는 큰 들숨									큰 날숨		

　　무보의 춤사위를 보면 태극힘모으기(뒤)의 동작은 왼쪽 옆을 본 동작에서 뒤쪽으로 방향을 바꾸어 오른발을 딛고 오른손을 들어올리며 뒤쪽으로 방향을 바꾸어 동작한다. 약한악센트(⊙)로 서서히 호흡을 끌어올리면서 양팔을 태극 사위로 돌리다가 아래위에서 마주한 양손바닥에 외부의 기운을 모아 가슴 앞으로 가져간다. 12박 동안 가득 채웠던 숨을 4박 동안 내쉰다. 호흡은 서서히 커지고 있지만 약한악센트로 인해 움직임은 조금 더 확장되는 느낌을 가지게 된다.

궁체 ⑦, 활사위_태극힘모으기 오른쪽 옆(4장단1호흡)

														춤사위
2	3	4	1	2	3	4	1	2	3	4	1	2	3	4	장단
①	①	Ｉ○Ｉ	①	①	①	Ｉ○Ｉ	①	①	①	Ｉ○Ｉ	①	①	①	Ｉ○Ｉ	
															호흡표기
															호흡곡선
○				⊙											호흡세기
서서히 커지는 큰 들숨											큰 날숨				호흡구조

태극힘모으기(오른쪽 옆)의 마무리 동작이다. 약한악센트(⊙)로 12박 동안 서서히 들어올린 큰호흡을 4박 동안 완전히 내쉰다. 이때 태극사위로 힘을 모아가면서 양손바닥에 기운을 모아 내 몸 안으로 끌어들여 합을 이룬다는 생각으로 동작한다.

3단계 맺고 풀기

'맺고 풀기'는 숨을 잠시 멈추었다가 풀어주는 기법이다. 맺음은 들숨을 잠시 멈춘 상태이고, 풀음은 맺음을 풀어주는 상태이다. 들숨·날숨·멈춤의 호흡을 통해 맺고 어르고 푸는 에너지의 '긴장과 이완의 움직임 호흡특성'을 이해한다.

[맺고 풀기] 필체 ①, 몸사선펴기_오른쪽(총 8장단1호흡)

춤사위																
장단	① 1	① 2	① 3	I ① I 4	① 1	① 2	① 3	I ① I 4	① 1	① 2	① 3	I ① I 4	① 1	① 2	① 3	I ① I
호흡표기																
호흡곡선																
호흡세기	⊙															
호흡구조							서서히 커지는 큰 들숨									

'맺고 풀기'는 숨을 들이쉬어 잠시 멈추었다가 풀어주는 기법이다.

맺고 풀기의 몸사선펴기 필체호흡은 몸을 대각선으로 길게 펴서 맺고 푸는 직선호흡이다. 맺음은 숨을 들이쉬어 정신을 한곳으로 집중시킨 긴장 상태이고, 풀음은 숨을 내쉬어 긴장을 풀어준 상태이다.

몸사선펴기(오른쪽)의 필체호흡 구조는 약한악센트(⊙)로 서서히 커지는 큰들숨(총 25박)-약한악센트(⊙)의 큰들숨멈춤(5박)-큰날숨(2박)의 긴호흡이다. 총 8장단1호흡의 호흡표기를 보면 들숨이 길고 날숨이 짧다. 검정색삼각형의 들숨부호는 폐에 공기를 서서히 채우는 큰들숨으로 매우 길며(25박), 그 들숨을 잠시 멈춤으로 집중하면서 힘을 응축시켰다가(5박), 흰색삼각형의 날숨부호(2박)로 짧게 마무리된다. 긴들숨을 멈춤으로 응축시킨 무게감을 빠른 날숨으로 풀어주게 됨에 따라 맺음과 풀음에 의한 '긴장과 이완'의 움직임 호흡특성이 확연하게 드러난다.

춤사위															
	2	3	4	1	2	3	4	1	2	3	4	1	2	3	4

춤사위	
장단	
호흡표기	
호흡곡선	
호흡세기	⊙
호흡구조	큰 들숨멈춤 / 큰 날숨

　　몸사선펴기(오른쪽)의 필체춤사위는 척추뼈 마디 사이사이에 공간을 만들며 몸을 길게 펴서 맺은 다음 풀어주는 동작이다. 무보의 춤사위와 호흡의 흐름을 보면 검정색삼각형의 긴들숨(25박 동안)과 멈춤(5박 동안)의 긴들숨으로 힘을 쌓아가며 몸을 최대한 길게 사선으로 폈다가 짧은날숨(2박 동안)으로 가장 낮은 자세로 앉는다. 이때 오른발을 뒤로 보내 중심을 잡고, 왼발 앞에 모은 양손을 끌어올리면서 몸을 뒤쪽 대각선(╱)으로 길게 펴준다(25박 동안). 몸을 길게 펼 때 복부호흡(⊙)으로 등을 잡아당겨 일어나면서 허리를 펴고 양손을 머리 위로 가볍게 뿌려서 맺어준 다음(5박 동안), 왼발을 앞으로 밀어주면서 빠른 날숨으로 부드럽게 풀어준다.

필체 ②. 몸사선펴기_왼쪽(총 8장단1호흡)

춤사위	1	2	3	4	1	2	3	4	1	2	3	4	1	2	3
장단	⊕	⊕	⊕	⊕ Ⅰ⊙Ⅰ	⊕	⊕	⊕	⊕ Ⅰ⊙Ⅰ	⊕	⊕	⊕	⊕ Ⅰ⊙Ⅰ	⊕	⊕	⊕ Ⅰ⊙
호흡표기															
호흡곡선															
호흡세기	⊙														
호흡구조					서서히 커지는 큰 들숨										

　　몸사선펴기(왼쪽)의 필체호흡은 오른쪽과 동일하게 총 8장단1호흡 구조이다. 약한악센트(⊙)로 서서히 커지는 큰들숨(총 25박)-큰들숨멈춤(5박)-큰날숨(2박)으로 들숨이 매우 길다. 작은 점으로 시작되는 검정색삼각형의 들숨이 하나의 작은 점에서 두 개의 긴 선으로 벌어져 호흡이 점점 길어지면서 커지고, 그 호흡을 그대로 멈춤으로 이어가다가 호흡의 기운이 약해지면서 흰삼각형의 날숨이 삼각형 모양으로 짧게 마무리된다. 따라서 호흡곡선은 들숨곡선이 하단선상에서 점으로 시작하여 서서히 상단까지 올라가 점을 찍은 다음 멈춤으로 지속되다가, 날숨곡선이 하단으로 빠르게 내려가 점을 찍는 긴 곡선으로 표기된다. 하단의 시작점, 폐에 공기를 가득 채우는 상단의 점, 공기를 모두 비우는 하단의 끝점으로 길게 연결되는 선은 호흡의 기운에 의해 휘어지기 시작하여 큰 원으로 만나게 된다. 이것이 점선원으로 이어가면서 다시 하나의 큰 점을 만들어내는 '동작선 원리'이다.

													춤사위
2	3	4	1	2	3	4	1	2	3	4	1	2	3	4	장단

호흡표기 / 호흡곡선 / 호흡세기 / 호흡구조

큰 들숨멈춤	큰 날숨

몸사선펴기(왼쪽)의 필체춤사위는 오른쪽 맺고 풀기와 같다. 무보의 춤사위에서 몸을 대각선으로 길게 펴는 동작을 보면 왼발로 중심을 잡고 오른발을 앞으로 길게 내밀고 있다. 등을 굽히고 앉은 자세에서 오른발 앞에 모은 양손을 복부-허리-목을 거쳐 머리 위로 서서히 끌어올리며(25박 동안), 몸을 뒤쪽 대각선(↖)으로 길게 펴주면서 잠시 멈추었다가 부드럽게 뿌려서 맺어준다(5박 동안). 이때 하체(복부)에 무게를 두고 구부린 등을 잡아당기듯이 서서히 펴주면서 상체의 힘을 빠르게 풀어주면 대각선으로 길게 폈던 몸이 에스자의 곡선을 만들어낸다. 필체에서 몸을 대각선으로 길게 펴는 동작은 발끝과 손끝을 최대한 멀리 밀었다가 빠른 속도로 풀어주면 탄력이 생기게 되고 민첩성을 발휘하게 된다.

학체 ①. 학날개펴기_뒷걸음 오른쪽(4장단1호흡)

춤사위																		
장단	1	2	3	4	1	2	3	4	1	2	3	4	1	2	3			
호흡표기																		
호흡곡선																		
호흡세기	⊙													●				
호흡구조	서서히 커지는 큰 들숨													큰 날숨				

　　맺고 풀기의 학날개펴기 학체호흡은 날개를 펴면서 맺고 푸는 움직임을 유도하는 곡선호흡이다. 척추의 움직임을 곡선적으로 사용한다.

　　학날개펴기(뒷걸음 오른쪽)의 학체호흡은 약한악센트(⊙)로 서서히 커지는 큰들숨(14박)-큰날숨(2박)의 4장단1호흡 구조이다. 호흡부호는 검정색삼각형의 들숨부호가 서서히 길어지면서 호흡이 최대한 확장되어 커지는 반면 날숨의 흰색삼각형부호는 짧다. 힘을 푸는 날숨이 상대적으로 짧은 것은 서서히 힘을 모아가는 긴호흡을 강조하기 위함으로 빠르게 힘을 풀어줌으로써 맺고 푸는 리듬감을 명확히 살려주게 된다.

　　학날개펴기(뒷걸음)의 학체춤사위는 척추를 에스자의 곡선으로 움직이면서 날개를 펴고 접는 동작이다. 등을 구부리고 앉았다가 일어나면서 날개를 펴되 한 걸음 뒤로 크게 가면서 강하게 맺어준 다음 옆을 보고 내려앉는다(16박 동안).

학체 ②, 학날개펴기_뒷걸음 왼쪽(4장단1호흡)

														춤사위
2	3	4	1	2	3	4	1	2	3	4	1	2	3	4	장단
															호흡표기
															호흡곡선
										●					호흡세기
서서히 커지는 큰 들숨											큰 날숨				호흡구조

학날개펴기(뒷걸음 왼쪽) 학체호흡은 오른쪽 날개펴기와 동일하다. 약한 악센트(☉)로 서서히 커지는 큰들숨(14박)과 큰날숨(2박)의 4장단1호흡 구조이다. 들숨이 길고 날숨이 짧은 큰호흡이므로 완만하게 커지는 들숨의 호흡곡선이 하단에서 상단까지 서서히 상승하면서 호흡 폭이 넓어졌다가 날숨곡선이 급하강하는 곡선을 그린다.

학날개 펴기(뒷걸음 왼쪽)의 학체춤사위는 오른쪽 춤사위와 동일하게 강한들숨과 부드러운 날숨으로 맺고 푸는 동작이다. 무보의 춤사위를 보면 앉은 자세에서 복부에 호흡을 넣어 서서히 일어나면서 학이 날갯짓을 하듯 양팔을 위로 펴서 강하게 맺어준 다음, 왼발이 한 걸음 크게 뒤로 가면서 풀어준다.

궁체 ①, 태극힘모으기_대각선 앞걸음(총 8장단4호흡)

춤사위																	
장단	1		2		3		4		1		2		3		4		1		2		3	
호흡표기																		
호흡곡선																		
호흡세기	⊙						◉		⊙						◉						◉
호흡구조			큰 들숨				큰 날숨				큰 들숨				늘

맺고 풀기의 태극힘모으기 궁체호흡은 태극사위로 맺고 푸는 움직임을 유도하는 원형호흡이다. 양팔을 겨드랑이에서 한 손씩 교대로 뽑아내는 움직임의 호흡이다.

태극힘모으기의 궁체호흡은 약한악센트(⊙)와 중간악센트(◉)로 서서히 커지는 큰들숨(7박)-큰날숨(1박)의 2장단1호흡을 반복하는 4장단2호흡 구조이다. 호흡부호를 보면 들숨부호와 날숨부호가 모두 삼각형으로 폐에 공기를 가득 채웠다가 비우는 큰호흡이 반복된다. 검정색삼각형의 들숨부호가 폐에 공기를 가득 채우는 큰들숨이고, 흰색삼각형의 날숨부호는 공기를 비우는 짧은호흡이다. 그러므로 들숨곡선이 완만하게 상승하는 것에 반해 날숨곡선은 급하강하게 되며, 총 8장단 동안 네 개의 동일한 리듬곡선으로 반복 표기된다.

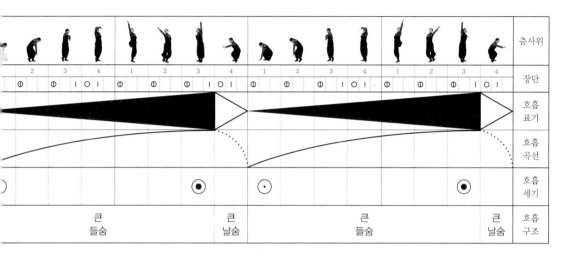

춤사위
장단
호흡 표기
호흡 곡선
호흡 세기
호흡 구조

태극힘모으기의 궁체춤사위는 숨을 서서히 들이쉬면서 몸을 대각선으로 길게 펴서 맺어주고 짧은날숨으로 풀어주는 동작이다. 무보의 춤사위와 호흡의 흐름을 보면 숨을 서서히 들이쉬면서 오른팔을 아래에서 위로 끌어올려 내린다. 동시에 왼팔을 뒤에서 들어 앞으로 내리면서 몸의 방향을 뒷모습으로 바꾸어 준다(8박 동안). 오른팔 왼팔의 움직임이 태극의 동작선을 창출, 나선형의 파동을 그리는 입체감을 보인다. 약한악센트(⊙)로 한 걸음 크게 나가면서 왼손을 겨드랑이에서 뽑아내어 뿌려준 다음, 뒤따라온 손을 중간악센트(◉)로 뿌려주면서(7박 동안) 빠르게 내려앉는다(1박 동안). 오른쪽 비껴 앞으로(╱) 한 발 크게 나가면서 오른손이 몸을 타고 올라가 겨드랑이에서 뿌려준 다음, 왼손이 따라와 뿌려주면서 빠르게 내려앉는다. 왼쪽 앞 대각선(╲) 방향의 춤사위도 동일하다.

4단계 뿌리고 틀고 흔들기

'뿌리고 틀고 흔들기'는 손을 뿌리고 어깨를 틀어서 몸통을 흔드는 기법이다. 아래에서 위로 뻗어 오르는 에너지가 좌우로 뒤틀리고 흔들리는 움직임은 힘의 반작용을 사용한다. 복부를 수축시켜 하체를 단단하게 잡아주되 상체의 힘을 빼주는 '상·하체 수직적·수평적 힘 쓰임'의 호흡감각을 이해한다.

[뿌리고 틀고 흔들기] 필체 ①, 뿌리기_위(4장단2호흡)

춤사위																		
장단	1	2	3	4	1	2	3	4	1	2	3	4	1	2	3			
	①		①	① I ○ I	①		①	① I ○ I	①		①	① I ○ I	①		① I ○			
호흡표기																		
호흡곡선																		
호흡세기	●							●										
호흡구조	큰들숨	큰들숨멈춤					큰날숨	큰들숨	큰들숨멈춤						큰날숨			

'뿌리고 틀고 흔들기'는 팔을 위로 뿌리고 어깨를 옆으로 틀어 몸통을 좌우로 흔드는 기법이다.

뿌리기의 필체호흡은 아래에서 위로 강하게 뿌리는 움직임을 유도하는 직선호흡이다. 강한악센트(●)의 큰들숨(1박)−길고 큰들숨멈춤(6박)−큰날숨(1박)의 2장단1호흡을 반복하는 구조이다. 호흡부호를 보면 강하게 응축시킨 검정색삼각형의 들숨부호와 흰색삼각형의 짧은 날숨부호 사이에 멈춤부호가 길게 끼어 있다. 따라서 호흡곡선은 하단선상에서 점으로 시작된 들숨이 급상승하여 상단선상에 점을 찍고 멈춤을 길게 지속하다가 날숨이 급하강하여 하단선상에 점을 찍는 곡선으로 표기되며, 시작점과 끝점이 동일선상에 표기된다.

뿌리기의 필체춤사위는 양팔을 머리 위로 강하게 뿌려 멈추었다가 빠르게 내리되 다리의 안쪽 근육에 힘을 모아 아래로 누르고 몸을 위로 들어올리는 '힘의 반작용'의 힘 쓰임을 느끼면서 동작하도록 한다.

필체 ②. 뿌리고 틀기_위·옆(4장단2호흡)

														춤사위
2	3	4	1	2	3	4	1	2	3	4	1	2	3	4 |장단
														|호흡표기
														|호흡곡선
				⊙	●									⊙ |호흡세기
숨	큰 들숨멈춤		큰 날숨				큰 들숨	큰 들숨멈춤			큰 날숨			|호흡구조

뿌리고 틀기의 필체호흡은 빠르고 강한악센트(●)의 큰들숨(1박)-큰들숨멈춤(3박)-큰날숨(4박)의 2장단1호흡 구조로 반복한다. 호흡부호는 검정색 삼각형의 들숨부호가 빠른 속도로 폐에 공기를 가득 채우는 큰호흡의 표기이고, 흰색삼각형의 날숨부호가 공기를 비우는 표기이며 그 사이에 멈춤이 지속된다. 그러므로 호흡곡선은 하단에서 시작된 짧고 강한들숨이 급상승하여 상단에 점을 찍고 멈춤이 지속된 후, 날숨이 차츰 하단으로 내려가 점을 찍는 두 개의 동일한 호흡곡선이 그려진다.

뿌리고 틀기의 필체춤사위는 양팔을 위로 힘 있게 뿌리고 무릎을 지그시 누르면서 어깨를 오른쪽으로 틀어주는 동작이다. 다리를 벌리고 무릎은 굽히되 복부에 호흡을 넣어 하체를 고정시키고 상체를 위로 들어주는 수직적 힘의 반작용과 좌우로 틀어주면서 양쪽에서 잡아당기는 수평적 힘의 반작용을 이용한다. 탄력적 무게감을 유지하도록 하는 힘의 반작용은 춤사위의 표현을 확장시킨다.

학체 ①, 뿌리고–틀고–흔들기_위·옆·아래(4장단4호흡)

춤사위																
장단	1		2		3		4	1		2		3		4	1	2	3
호흡표기																	
호흡곡선																	
호흡세기	●	⊙		●	⊙		●	⊙		●	⊙	
호흡구조	큰들숨	들숨멈춤	큰날숨	큰들숨	들숨멈춤	큰날숨	큰들숨	들숨멈춤	큰날숨	큰들숨	들숨멈춤	큰날숨

뿌리고–틀고–흔들기의 학체호흡은 양손을 위로 뿌리고 어깨를 틀어 좌우로 흔드는 움직임을 유도하는 곡선호흡이다. 복부호흡(⊙)으로 하체를 단단하게 잡아주고 어깨와 팔은 유연하면서도 탄력 있게 움직이는 경쾌한 호흡이다.

뿌리고–틀고–흔들기의 학체호흡은 빠르고 강한악센트(●)의 큰들숨(1박)–약한악센트(⊙)의 큰들숨멈춤(1박)–큰날숨(2박)의 1장단1호흡을 반복하는 구조이다. 호흡부호는 검정색삼각형의 들숨부호와 멈춤부호가 짧고 흰색의 날숨부호가 조금 더 길다. 겹호흡(●⊙)으로 들숨을 강조하는 네 개의 동일한 호흡곡선이 규칙적으로 표기된다.

뿌리고–틀고–흔들기의 학체춤사위는 하체를 단단히 하고 상체를 유연하게 움직이는 동작이다. 무보의 춤사위를 보면 아래에서 위로 강하게 솟구치는 에너지를 좌우로 뒤틀고 흔들면서 솟아오르는 동작이 탄력적이다. 들숨–멈춤–날숨으로 몸을 펴고 굽히면서 움직이는 척추가 곡선적인 모습이다.

학체 ②. 뿌리고-접기_앞 · 옆 · 위(4장단2.5호흡)

2	3	4	1	2	3	4	1	2	3	4	1	춤사위

2	3	4	1	2	3	4	1	2	3	4		장단

| 호흡표기 |
| 호흡곡선 |
| 호흡세기 |

| 중간 날숨 | 큰 들숨 | 큰 날숨 | 큰 들숨 | 큰 날숨 | 호흡구조 |

  뿌리고-접기의 학체호흡 구조는 약한악센트(⊙)로 시작하는 중간날숨(2박)-큰들숨(4박)-큰날숨(4박)-큰들숨(4박)-큰날숨(2박)의 4장단2.5호흡이다. 호흡부호를 보면 폐에 공기가 중간 정도 들어차 있는 들숨상태에서 날숨으로 시작한다. 따라서 호흡곡선은 날숨이 상단 바로 아래에서 점으로 시작하여 하단선상까지 내려가 점을 찍고, 들숨이 상단 끝까지 올라가 점을 찍은 후, 다시 날숨이 하단으로 내려가 점을 찍는 곡선이 반복 표기된다.

  뿌리고-접기의 학체춤사위는 양손을 앞 · 옆 · 위로 뿌리고 접으면서 앞뒤를 오고 가는 동작이다. 무보의 춤사위는 앞으로 나아가며 오른손부터 한 손씩 교대로 가슴 앞에서 살짝 뿌렸다가 접어서 가슴에 모은 다음(2박 동안), 뒤로 가면서 옆으로 뿌리고 접어 가슴에 모으면서(2박 동안) 몸속과 몸 밖의 에너지를 주고받는다. 동일한 방법으로 양손을 머리 위와 옆으로 뿌리고 접기를 반복하면서 앞뒤를 오고 간다.

궁체 ①, 태극사위 뿌리기(느리게)_엑스자 사방(4장단4호흡)

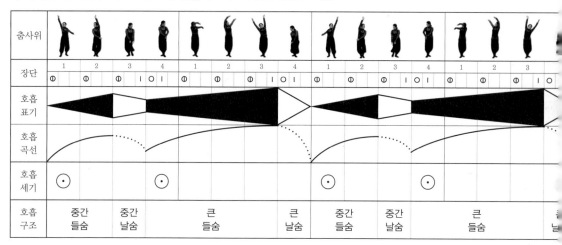

춤사위																
장단	1	2	3	4	1	2	3	4	1	2	3	4	1	2	3	
호흡표기																
호흡곡선																
호흡세기	⊙		⊙						⊙		⊙					
호흡구조	중간 들숨		중간 날숨		큰 들숨			큰 날숨	중간 들숨		중간 날숨		큰 들숨			날

　　태극사위 뿌리기(느리게)의 궁체호흡은 양팔을 겨드랑이에서 뽑아내는 움직임을 유도하는 원형호흡이다.

　　태극사위 뿌리기의 궁체호흡은 약한악센트(⊙)의 중간들숨(2박)-중간날숨(1박), 약한악센트(⊙)의 큰들숨(4박)-큰날숨(1박)을 반복하는 4장단4호흡 구조이다. 호흡부호를 보면 들숨과 날숨부호가 삼각형과 사다리꼴의 두 가지 모양이다. 이는 복부에 숨을 모두 비우거나 의도적으로 조금 남겨두는 표기이다. 이에 호흡곡선은 들숨의 시작점이 하단선상과 하단과 상단 사이에 찍히는 두 가지로 표기되며, 호흡의 길이와 크기에 차이가 있는 리듬곡선이 그려진다.

　　태극사위 뿌리기(느리게)의 궁체춤사위는 대각선 방향으로 네 걸음 나아가면서 양팔을 겨드랑이에서 뽑아내는 동작이다. 오른쪽 앞(╱), 왼쪽 뒤(╱)로 동작한 다음 오른쪽 뒤(╲), 왼쪽 앞(╲)으로 방향을 바꾸어가면서 뿌리고 접는다.

궁체 ②, 태극사위 뿌리기(빠르게)_엑스자 사방(4장단5호흡)

태극사위 뿌리기(빠르게)의 궁체호흡 구조는 강한악센트(●)의 큰들숨(1박)-큰날숨(1박) 네 번-약한악센트(⊙)의 큰들숨(1박)-길고 큰들숨멈춤(6박)-큰날숨(1박)이다. 호흡부호를 보면 빠르고 강한들숨으로 시작하는 호흡이 반복되는 큰호흡이다. 검정색삼각형의 들숨부호와 흰색삼각형의 날숨부호가 다이아몬드 형태의 패턴으로 반복 표기된다. 폐에 공기를 가득 채우고 비우기를 이어가다가 멈춤을 길게 지속한 후 날숨부호로 짧게 마무리된다. 따라서 호흡곡선은 들숨이 하단선상에서 상단으로 급상승하였다가 날숨이 급하강하고 다시 급상승하는 리드미컬한 호흡으로 반복되다가 멈춤을 길게 이어간 후, 날숨이 급하강하는 곡선으로 마무리되어 총 다섯 개의 길고 짧은 곡선을 그린다.

무보의 춤사위를 보면 태극사위 뿌리기(빠르게)의 궁체춤사위는 오른쪽 앞(╱), 왼쪽 뒤(╱), 오른쪽 뒤(╲), 왼쪽 앞(╲)의 사방으로 돌아가면서 점을 찍는 태극사위를 반복한다. 춤사위는 매우 탄력적으로 빠르게 움직인다.

5단계 찍기

'찍기'는 붓으로 점을 찍듯이 손과 발로 바닥과 공간에 점을 찍는 기법이다. 발끝으로 바닥에 점을 찍어 에너지를 끌어올리고, 손끝으로 공간에 점을 찍어 에너지를 끌어들이는 움직임을 통해 몸속과 몸 밖의 에너지를 주고받는 '내외 움직임 호흡원리'를 이해한다.

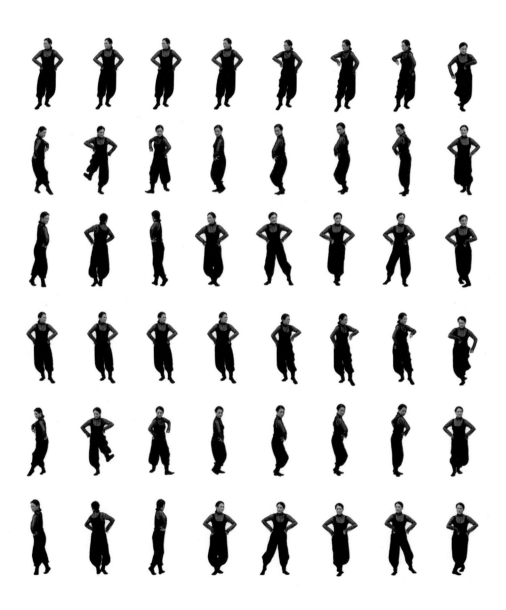

[찍기] 필체 ①, 발찍기_오른발(총 7장단8호흡)

춤사위																
장단	1	2	3	4	1	2	3	4	1	2	3	4	1	2	3	
호흡표기																
호흡곡선																
호흡세기	⊙				⊙				⊙				⊙	⊙		
호흡구조	작은들숨	작은들숨멈춤			중간들숨			중간날숨	중간들숨	중간날숨			큰들숨		늘...	

　　'찍기'는 붓으로 점을 찍듯이 발과 손으로 바닥과 공간에 점을 찍는 기법이다. 바닥과 공간의 외부 힘의 작용에 대한 이해가 필요하다.

　　발찍기의 필체호흡은 발로 바닥에 가볍게 점을 찍는 기법을 유도하는 직선 호흡이다. 발끝으로 바닥에 점을 찍을 때 바닥의 기운을 몸속으로 끌어들이는 섬세한 호흡감각이 필요하다. '내외 움직임 호흡작용'을 이해하도록 한다.

　　오른발찍기의 필체호흡은 약한악센트(⊙)의 작은들숨(1박)-작은들숨멈춤(3박)-약한악센트(⊙)의 중간들숨(3박)-중간날숨(1박), 약한악센트(⊙)의 중간들숨(1박)-중간날숨(2박), 약한악센트(⊙)의 큰들숨(4박)-큰날숨(1박)의 4장단3호흡에서 3장단5호흡을 더 이어가는 총 7장단8호흡 구조이다. 먼저 4장단3호흡의 부호를 보면 검정색들숨과 흰색날숨의 변화가 많은 기교적인 호흡으로 부호의 모양과 길이와 크기가 다양하다. 검정색삼각형의 작은들숨부호가 멈춤을 이어가다가 차츰 커지면서 힘을 모아가는 호흡이다.

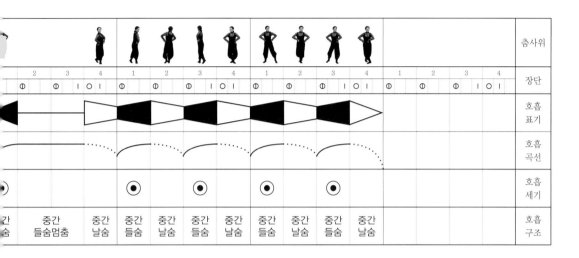

																춤사위
2	3	4	1	2	3	4	1	2	3	4	1	2	3	4		장단
																호흡표기
																호흡곡선
		◉		◉		◉		◉		◉						호흡세기
중간 들숨멈춤		중간 날숨	중간 들숨	중간 날숨	중간 들숨	중간 날숨	중간 들숨	중간 날숨	중간 들숨	중간 날숨						호흡구조

그다음 3장단5호흡의 왼발 옆 찍기 호흡은 중간악센트(◉)의 중간들숨(1박)–중간들숨멈춤(2박)–중간날숨(1박), 중간악센트(◉)의 중간들숨(1박)–중간날숨(1박)을 이어가는 구조로 호흡부호의 변화가 더 많다. 중간호흡으로 시작하는 검정색삼각형의 들숨부호가 멈춤을 잠시 유지한 후, 흰색사다리꼴의 날숨부호로 한 호흡을 마친다. 이어서 들숨과 날숨이 복부에 숨을 조금 남겨둔 상태인 사다리꼴 모양의 패턴으로 반복되다가 삼각형의 날숨부호로 마친다. 호흡의 시작과 끝은 삼각형부호이지만 중간은 모두 사다리꼴 모양으로 복부에 숨을 머금고 이어가는 중간호흡 상태이다.

오른발찍기의 필체춤사위는 오른발뒤꿈치와 발볼의 순으로 바닥에 점을 찍어 에너지를 끌어올린 다음, 발볼로 왼쪽 바닥에 가볍게 점을 찍어 오른쪽에 옮겨놓는다. 이때 왼발이 뒤따라와 두 발이 모아지는 지점에 다시 점을 찍으면서 360도를 돈 다음, 오른발 왼발 좌우 옆 찍기를 하면서 앞으로 나온다.

필체 ②, 발찍기_왼발(총 7장단8호흡)

	1	2	3	4	1	2	3	4	1	2	3	4	1	2	3
춤사위															
장단	⊕	⊕	⊕	Ⅰ○Ⅰ	⊕	⊕	⊕	Ⅰ○Ⅰ	⊕	⊕	⊕	Ⅰ○Ⅰ	⊕	⊕	Ⅰ○
호흡표기															
호흡곡선															
호흡세기	⊙				⊙				⊙		⊙		⊙	⊙	
호흡구조	작은들숨	작은들숨멈춤			중간들숨		중간날숨		중간들숨	중간날숨			큰들숨		날

왼발찍기의 필체호흡 구조는 오른발찍기와 동일하다. 총 7장단8호흡 중 먼저 4장단3호흡의 왼발찍기의 호흡곡선을 보면 들숨이 하단선상에 점을 찍고 조금 올라가 낮게 머무르다가 조금씩 상승하여 상단선상에 점을 찍으며 힘을 모아갔다가 날숨이 조금 내려간다. 이어서 들숨과 날숨을 중간크기의 호흡으로 이어가면서 큰호흡으로 힘을 모았다가 빠르게 내려가 세 개의 길고 짧은 불규칙적인 리듬패턴으로 표기된다.

그다음 3장단5호흡은 중간악센트(◉)의 중간들숨(1박)-중간들숨멈춤(2박)-중간날숨(1박), 중간악센트(◉)의 중간들숨(1박)-중간날숨(1박)을 네 번 이어가는 호흡이다. 따라서 복부를 수축시키고 가슴까지 호흡을 들어올린 상태에서 동작을 이어가게 된다. 몸의 무게(호흡)가 복부와 가슴을 오고 가면서 호흡과 동작이 생동감 있게 펼쳐진다. 호흡곡선은 상단 끝까지 올라가지 않고 하단과 상단 사이에 길이와 크기가 다른 곡선으로 표기된다.

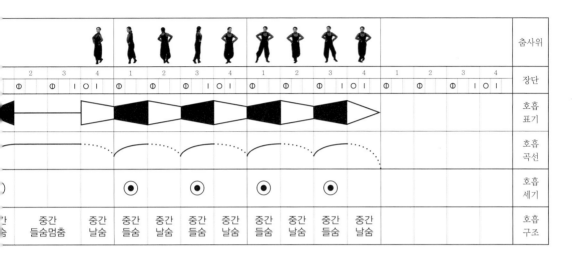

													춤사위
2	3	4	1	2	3	4	1	2	3	4	1	2	3	4	장단
													호흡 표기
													호흡 곡선
		⊙		⊙		⊙		⊙		⊙			호흡 세기
중간 들숨멈춤	중간 날숨	중간 들숨	중간 날숨	중간 들숨	중간 날숨	중간 들숨	중간 날숨	중간 들숨	중간 날숨			호흡 구조

왼발찍기의 필체춤사위는 왼발뒤꿈치–발볼–발끝의 순으로 바닥에 점을 찍어서 다리를 든다(8박 동안). 오른쪽으로 몸을 돌리면서 왼발을 오른발 앞쪽에 가볍게 점을 찍은 다음 반원을 그리며 왼쪽에 옮겨 놓는다. 이때 오른발이 뒤따라와 두 발이 모아진 자리에 점을 찍어 몸을 들어올린다(8박 동안). 이어서 오른발 뒤쪽에서 왼발로 점을 찍으면서 한 바퀴 돌아간 다음(8박 동안) 좌우 옆 찍기로 나온다(4박 동안). 무보의 춤사위에서 들숨과 날숨이 마름모꼴 모양으로 표기된 부분의 춤사위는 무게중심이 복부에서 흉부로 끌어올리는 동작 상태이다.

학체 ①, 손찍기_왼손(4장단5호흡)

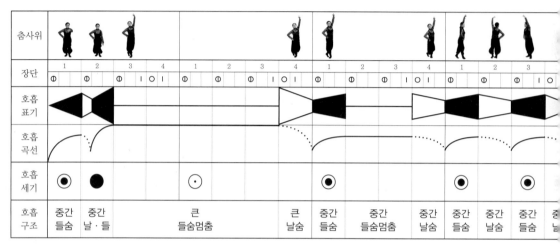

춤사위																
장단	1		2		3	4	1		2		3	4	1		2	3
호흡표기																
호흡곡선																
호흡세기	◉	●			⊙		◉						◉		◉	
호흡구조	중간들숨	중간날·들		큰 들숨멈춤			큰 날숨	중간들숨		중간 들숨멈춤		중간 날숨	중간들숨	중간 날숨	중간들숨	중 날

손찍기의 학체호흡은 손끝으로 공간에 점을 찍는 움직임을 유도하는 곡선호흡이다. 손끝을 떨구어 머리 위에 점을 찍을 때 손끝에 모아진 몸 밖의 에너지가 정수리를 타고 몸속으로 흐르는 것을 느끼도록 한다.

왼손찍기의 학체호흡은 중간악센트(◉)의 중간들숨(1박)-중간날숨(0.4박)-강한악센트(●)의 큰들숨(0.6박)-큰들숨멈춤(5박)-큰날숨(1박), 중간악센트(◉)의 중간들숨(1박)-중간들숨멈춤(2박)-중간날숨(1박), 중간악센트(◉)의 중간들숨(1박)-중간날숨(1박)을 반복하는 4장단5호흡 구조이다. 호흡부호는 검정색들숨부호와 흰색날숨부호의 사이사이에 멈춤부호가 끼어들면서 호흡의 길이와 크기와 강약의 변화를 유도하는 호흡이다.

왼손찍기의 학체춤사위는 뒤로 한 걸음 가면서 왼팔을 머리 위로 들어올린 다음, 정수리를 향해 손목(손끝)을 떨구어 공간에 점을 찍은 후 왼발로 뒤쪽 바닥에 점을 찍으면서 돌아간다(⌒).

학체 ②. 손찍기_오른손(4장단5호흡)

																춤사위
1	2	3	4	1	2	3	4	1	2	3	4	1	2	3	4	장단
																호흡표기
																호흡곡선
																호흡세기
...은 숨	중간 날·들	큰 들숨멈춤			큰 날숨	중간 들숨	중간 들숨멈춤		중간 날숨	중간 들숨	중간 날숨	중간 들숨	중간 날숨			호흡구조

오른손찍기의 학체호흡은 왼손 찍기와 동일하다. 들숨과 날숨의 부호가 모두 짧으며 그 사이사이에 끼어 있는 멈춤부호가 길거나 짧아 리듬감을 만들어 낸다. 따라서 들숨과 날숨의 호흡곡선이 멈춤에 의해 변화해가는 것을 볼 수 있다. 하단에서 점으로 시작하는 들숨이 급상승하여 중간 정도 올라갔다가 급하강하고 다시 급상승하여 상단에 점을 찍는다. 상단까지 올라간 큰호흡을 그대로 멈춤으로 끌고 가다가 급하강한다(2장단2호흡). 그다음 호흡(2장단3호흡)도 변화가 많다. 중간크기의 들숨과 날숨을 사다리꼴 모양으로 짧게 이어가면서 마무리한다. 따라서 호흡의 길이와 크기가 다른 다섯 개의 리듬곡선이 그려진다.

오른손찍기의 학체춤사위는 왼손찍기와 동일하다. 무보의 춤사위와 호흡의 흐름을 보면 숨을 들이쉬어 멈추는 호흡에 오른팔을 위로 들어 정수리를 향해 손끝으로 찍어주고, 짧은 들숨과 날숨으로 오른발을 뒤로 찍으면서 한 바퀴를 돌아간다(↶).

궁체 ①, 양손찍기_태극점 손 · 발(총 6장단6호흡)

춤사위																
장단	1	2	3	4	1	2	3	4	1	2	3	4	1	2	3	4
호흡표기																
호흡곡선																
호흡세기	◉		●				●				●		●		●	
호흡구조	중간들숨	중간들숨멈춤	큰들숨	큰날숨			큰들숨	큰날숨			큰들숨	큰날숨	큰들숨	큰날숨	큰들숨	큰날숨

양손찍기의 궁체호흡은 태극사위로 공간에 점을 찍는 움직임을 유도하는 원형호흡이다. 양손으로 태극점을 찍으면서 몸속과 몸 밖 에너지의 흐름이 교차되는 것을 느끼도록 한다.

양손찍기의 궁체호흡 구조는 중간악센트(◉)의 중간들숨(1박)-중간들숨멈춤(2박)-강한악센트(●)의 큰들숨(1박)-큰날숨(3박), 큰들숨(1박)-큰날숨(3박), 큰들숨(1박)-큰날숨(1박), 큰들숨(1박)-큰날숨(1박), 큰들숨(1박)의 4장단4.5호흡이다. 그다음 마무리 호흡은 2장단1.5호흡으로 약한악센트(⊙)의 큰들숨멈춤(2박)-큰날숨(2박)-중간들숨(2박)-중간날숨(2박)으로 이어져 총 6장단6호흡으로 이어간다. 호흡부호를 보면 검정색삼각형의 중간들숨이 멈춤으로 이어지다가 강한들숨으로 커지고 이내 작아지는 날숨부호로 한 호흡(7박1호흡)을 마친다. 이어서 4박1호흡과 2박1호흡을 반복하며 점차 빨라진다. 이는 폐에 공기를 가득 채웠다가 조금 비우는 큰호흡이 지속되는 것을 의미하며 날숨이 사

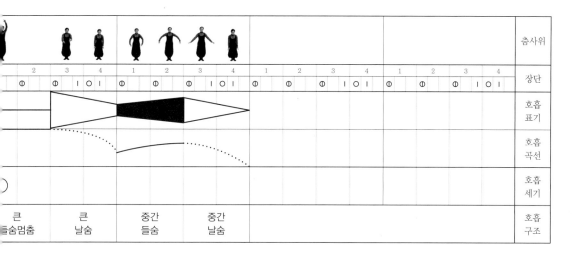

춤사위

| 2 | 3 | 4 | 1 | 2 | 3 | 4 | 1 | 2 | 3 | 4 | 1 | 2 | 3 | 4 | 상단 |
| 호흡 표기 |
| 호흡 곡선 |
| 호흡 세기 |
| 큰 들숨멈춤 | 큰 날숨 | 중간 들숨 | 중간 날숨 | | | | | | | | | | | | 호흡 구조 |

다리꼴 모양으로 표기되다가 삼각형으로 마무리된다. 따라서 호흡곡선은 하단 선상에서 점으로 시작하여 상단 바로 아래에 그려지다가 상단선상에 점 찍기를 반복한 후 중간호흡으로 마무리됨에 따라 낮은 곡선을 그리게 된다.

양손찍기의 궁체춤사위는 가슴 앞에서 양팔을 원으로 크게 돌리며 공간에 점을 찍는 동작이다. 무보의 춤사위를 보면 앞으로 나아가고 뒤로 물러나면서 발끝으로 바닥에 점을 찍는 순간, 양손 끝으로 아래위에서 점을 찍는다. 양손 바닥이 아래위에서 마주한 순간(4박, 8박, 12박, 16박)의 호흡부호는 모두 강한 악센트(●)의 검정색사다리꼴 모양의 들숨부호로 표기되어 있다. 많은 양의 에너지를 모으는 춤사위의 표기로 힘차게 동작한다.

6단계 돌리기

'돌리기'는 다리 · 팔 · 어깨를 회전시키는 기법이다. 한쪽 다리로 균형을 잡고 다른 한쪽 다리를 돌려준다. 양팔은 에스자로 교차시키면서 돌려주고, 몸통과 어깨는 원으로 회전시키면서 균형감각을 익히게 된다. '상하수직과 좌우수평의 힘 쓰임'을 이해한다.

[돌리기] 필체 ①, 다리돌리기_오른다리(총 8장단5호흡)

춤사위																	
장단	1	2	3	4	1	2	3	4	1	2	3	4	1	2	3		
	①	①	①	I ㅇ I	①	①	①	I ㅇ I	①	①	①	I ㅇ I	①	①	①	I ㅇ	
호흡 표기																	
호흡 곡선																	
호흡 세기	⊙											⊙					
호흡 구조						서서히 커지는 큰 들숨									큰 날숨		

'돌리기'는 다리와 팔과 어깨를 회전시키는 기법이다.

다리돌리기의 필체호흡은 한쪽 다리를 들고 돌리면서 균형을 잡는 움직임을 유도하는 직선호흡이다.

오른다리돌리기의 필체호흡은 4장단1호흡에서 4장단4호흡으로 이어가는 총 8장단5호흡 구조이다. 먼저 4장단1호흡은 약한악센트(⊙)로 서서히 커지는 큰들숨(14박)-큰날숨(2박)이다. 호흡부호를 보면 검정색들숨부호와 흰색날숨부호가 모두 삼각형 모양이다. 검정색삼각형의 들숨부호가 서서히 길어지면서 커지는 반면 흰색삼각형의 날숨부호는 짧다. 폐에 공기가 서서히 들어찼다가 빠르게 비우는 호흡이다. 검정색삼각형의 들숨부호가 서서히 커지는 것은 폐에 공기를 가득 채워 힘을 모아가는 것이고, 흰색삼각형의 날숨부호가 상대적으로 짧은 것은 들숨과 날숨의 시간차를 둠으로써 들숨의 응축된 힘을 강조하는 방법이다. 복부호흡(⊙)으로 서서히 숨을 들이쉼으로써 무게감을 갖게 되고, 숨을 빠

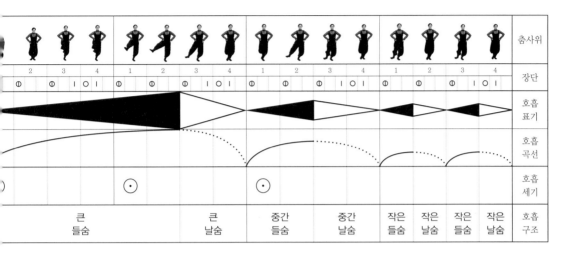

큰 들숨			큰 날숨			중간 들숨		중간 날숨		작은 들숨	작은 날숨	작은 들숨	작은 날숨

르게 내뱉으면서 다음 동작을 탄력 있게 이어가게 된다.

계속되는 4장단4호흡의 표기는 점점 빨라지면서 작아진다. 약한악센트(⦿)의 큰들숨(6박)-큰날숨(2박), 약한악센트(⦿)의 중간들숨(2박)-중간날숨(2박), 작은들숨(1박)-작은날숨(1박), 작은들숨(1박)-작은날숨(1박)으로 8박1호흡에서 4박1호흡, 2박1호흡으로 길이와 크기가 점점 작아진다.

오른다리돌리기의 필체춤사위는 왼다리로 중심을 잡고, 양팔은 허리에 가볍게 올려놓고 오른다리를 돌려준다. 무보의 춤사위와 호흡의 흐름을 보면 복부호흡(⦿)으로 끌어올리면서 힘이 확장되었다가 내려가는 호흡의 기운을 느끼면서 처음 16박1호흡에 다리를 90도로 한 번 돌려주고 점점 더 작게 8박1호흡 45도, 4박1호흡 30도, 2박1호흡 15도씩 각각 돌려준다. 호흡의 길이와 크기에 따라 동작의 길이와 크기가 달라지는 움직임을 익히면서 '상하수직과 좌우수평의 균형 감각'을 느끼도록 한다.

필체 ②. 다리돌리기_왼다리(총 8장단5호흡)

춤사위																		
장단	1	2	3	4	1	2	3	4	1	2	3	4	1	2	3			
	⊕	⊕	⊕	⊕ I O I	⊕	⊕	⊕	⊕ I O I	⊕	⊕	⊕	⊕ I O I	⊕	⊕	⊕ I O			
호흡 표기																		
호흡 곡선																		
호흡 세기	⊙												⊙					
호흡 구조					서서히 커지는 큰 들숨										큰 날숨			

왼다리 돌리기의 필체호흡은 총 8장단5호흡으로 오른쪽 돌리기와 동일

하다.

먼저 16박1호흡은 들숨곡선이 하단선상에서 상단 끝까지 완만하게 상

승하였다가 날숨곡선이 하단으로 빠르게 내려가 점을 찍는 길고 큰 호흡이다.

계속되는 8박1호흡은 중간길이의 큰 호흡곡선이고, 4박1호흡은 짧고 작

은 호흡곡선이며, 2박1호흡으로 빨라지면서 점점 더 짧은 곡선으로 표기되는 차

이를 보인다. 총 8장단5호흡 동안 호흡의 길이가 차츰 짧아지고 호흡의 크기는

점점 작아지는 다섯 개의 곡선이 그려진다. 실선의 들숨이 하단선상에서 시작하

여 서서히 상단까지 올라갔다가 점선의 날숨이 내려간 것에 이어서 중간호흡으

로 상승하였다가 내려가고, 작은호흡으로 상승하고 내려가는 안정감 있는 리듬

곡선을 그린다. 총 8장단 동안 호흡 폭이 넓은 큰호흡에서 호흡 폭이 점점 좁아

지는 작은호흡으로 이어진다. 따라서 다섯 개의 곡선 모두 들숨의 시작점과 날

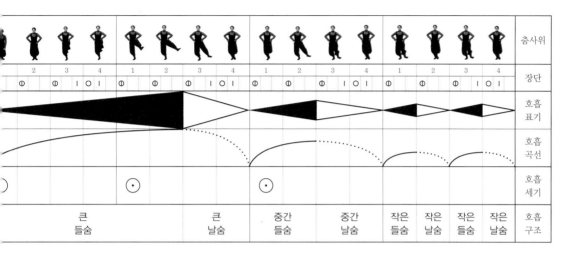

숨의 끝점이 하단선상에 동일하게 그려지지만 곡선의 높이가 점점 낮아지는 작은호흡으로 표기됨을 확인하게 된다.

무보를 보면 왼다리 돌리기의 춤사위는 오른다리 돌리기와 같다. 처음 4장단1호흡의 필체춤사위는 오른다리로 중심을 잡고 왼다리를 크게 돌려준다. 오른다리로 중심을 잡을 때 약한악센트(⊙)로 복부에 호흡을 넣어 발바닥으로 밀어내리는 힘을 느끼면서 다리를 단단히 하고 허리를 세워서 중심을 잡고, 큰호흡으로 왼쪽 다리를 돌려준다. 그다음 4장단4호흡 필체춤사위는 중간호흡과 작은호흡으로 점점 작게 돌려주되 속도가 빨라진다. 검정색 들숨부호의 길이가 점점 짧아지고, 크기도 점점 작아진다.

다리돌리기에서 중요한 것은 한 다리로 상하의 균형을 잡아주는 일이다. 이때 양팔은 허리에 가볍게 올려놓되 어깨가 삐뚤어지지 않도록 좌우의 균형을 잡아주어야 수직과 수평의 바른 자세를 취할 수 있게 된다.

학체 ①. 양팔돌리기_제자리(4장단4호흡)

춤사위															
장단	1	2	3	4	1	2	3	4	1	2	3	4	1	2	3
호흡표기															
호흡곡선															
호흡세기			●			◉				●				◉	
호흡구조	큰 날숨			큰 들숨	큰 날숨			중간 들숨	중간 날숨			큰 들숨	큰 날숨		중 들

팔(손목)돌리기의 학체호흡은 양팔을 아래위에서 에스자로 돌리는 움직임을 유도하는 곡선호흡이다.

양팔돌리기(제자리)의 학체호흡 구조는 큰날숨(3박)–강한악센트(●)의 큰들숨(1박)–큰날숨(3박), 중간악센트(◉)의 중간들숨(1박)–중간날숨(3박), 강한악센트(●)의 큰들숨(1박)–큰날숨(3박), 중간악센트(◉)의 중간들숨(1박)의 4장단4호흡으로 들숨보다 날숨이 길다. 날숨을 길게 가져가는 것은 무게감을 지속하기 위한 방법이고, 들숨과 날숨부호가 모두 사다리꼴인 것은 복부에 소량의 호흡을 남기거나(날숨) 넣은(들숨) 상태로 무게감을 안정적으로 유지하기 위함이다.

양팔돌리기(제자리)의 학체춤사위는 팔(손목)을 에스자의 곡선으로 돌려주는 동작이다. 좌우세를 하면서 양팔을 아래에서 작게, 머리 위에서 크게 돌려주되 아래에서 돌릴 때는 복부호흡으로, 위에서 돌릴 때는 흉부호흡으로 한다.

학체 ②, 양팔돌리기_뒷걸음 · 앞걸음(4장단4호흡)

								춤사위
2 3 4	1 2 3 4	1 2 3 4	1 2 3 4	장단				
								호흡표기
								호흡곡선
●	●	●	●					호흡세기
중간날숨	큰들숨	큰날숨	큰들숨	큰날숨	큰들숨	큰날숨	큰들숨	호흡구조

양팔 돌리기(뒷걸음 · 앞걸음)의 학체호흡 구조는 중간날숨(3박)−강한악센트(●)의 큰들숨(1박) 1장단1호흡을 네 번 반복하는 큰호흡이다. 호흡부호를 보면 흰색의 날숨부호가 길고 검정색의 들숨부호가 짧다. 복부에 소량의 숨을 넣은 상태에서 폐에 공기를 가득 채웠다가 조금 비우는 호흡을 반복한다. 따라서 호흡곡선은 날숨이 상단 끝에서 조금 내려왔다가 빠르게 상단까지 올라가기를 반복하는 규칙적인 곡선이 표기된다. 급상승했다가 서서히 내려가는 호흡곡선은 마치 물결이 출렁이는 듯한 모양으로 호흡의 무게를 가슴에 둔다.

양팔돌리기(뒷걸음 · 앞걸음)의 학체춤사위는 뒤로 물러나면서 양팔을 아래에서 여덟팔자로 작게 돌리고(8박 동안), 앞으로 나아가면서 머리 위에서 크게 돌린다(8박 동안). 뒷걸음으로 작게 돌릴 때는 복부에 호흡을 넣고 등을 뒤로 당기며 시선을 아래로 멀리 두고, 앞걸음으로 양팔을 머리 위에서 크게 돌릴 때는 숨을 가슴에 두고 시선을 위로 멀리 본다.

궁체 ①, 어깨돌리기_앞(4장단8호흡)

춤사위															
장단	1	2	3	4	1	2	3	4	1	2	3	4	1	2	3
호흡표기															
호흡곡선															
호흡세기	◉	●	◉	●	◉	●	◉	●	◉	●	◉	●	◉	●	
호흡구조	큰날숨	중간들숨	중간날숨	큰들숨	큰날숨	중간들숨	중간날숨	큰들숨	큰날숨	중간들숨	중간날숨	큰들숨	큰날숨	중간들숨	중간날숨

　　어깨돌리기(앞)의 궁체호흡은 양쪽 어깨를 원으로 둥글게 돌리는 움직임을 유도하는 원형호흡이다.

　　어깨돌리기의 궁체호흡은 강한악센트와 중간악센트가 교대로 일어나면서 리듬변화가 많은 경쾌한 호흡이다. 큰날숨(1박)–중간악센트(◉)의 중간들숨(1박)–중간날숨(1박)–강한악센트(●)의 큰들숨(1박)으로 2박1호흡의 한 호흡을 여덟 번 반복하는 4장단8호흡 구조이다. 호흡부호를 보면 검정색들숨부호와 흰색날숨부호가 모두 사다리꼴 모양으로 짧으며 변화가 많다. 복부에 소량의 호흡을 넣은 상태에서 중간호흡과 강한호흡이 교차되면서 크고 작은 리듬패턴이 규칙적으로 이어지는 곡선으로 표기된다.

　　어깨돌리기(앞)의 궁체호흡은 양쪽 어깨와 팔을 앞에서 뒤로 큰 원을 그리며 돌리는 동작이다. 짧은 들숨과 날숨으로 무릎을 굽히고 펴는 굴신을 하면서 반동의 힘을 이용하여 몸의 중심을 앞뒤로 옮기면서 팔을 돌린다.

궁체 ②, 어깨돌리기_오른쪽 옆(4장단8호흡)

																춤사위
	2	3	4	1	2	3	4	1	2	3	4	1	2	3	4	장단
																호흡표기
																호흡곡선
	●		●		●		●		●		●		●		●	호흡세기
큰날숨	큰들숨	큰날숨	큰들숨	큰날숨	큰들숨	큰날숨	큰들숨	큰날숨	큰들숨	큰날숨	큰들숨	큰날숨	큰들숨	큰날숨	큰들숨	호흡구조

어깨돌리기(오른쪽 옆)의 궁체호흡은 큰날숨(1박)-강한악센트(●)의 큰 들숨(1박)을 여덟 번 반복하는 4장단8호흡 구조이다. 호흡부호를 보면 들숨과 날숨이 모두 짧은 삼각형부호로 표기된다. 이는 폐에 공기를 가득 채웠다가 비우는 강한악센트의 호흡을 규칙적으로 반복하는 것으로 빠르고 경쾌하게 움직 이게 된다. 따라서 호흡곡선이 상단 끝에서 하단 끝까지 완전히 내려갔다가 올 라가는 것으로 표기되는 규칙적인 리듬곡선을 그린다.

어깨돌리기(오른쪽 옆)의 궁체춤사위는 어깨를 돌리되 사방으로 방향을 바꾸어가면서 동작한다. 무보의 춤사위와 호흡표기를 보면 정면을 보고 어깨를 돌렸던 동작의 마지막 박에 오른쪽 방향으로 바꿔 왼발을 앞으로 디디며 왼쪽 어깨를 앞에서 뒤로 돌려준다(8박 동안). 옆모습으로 어깨를 돌려주면 팔의 움 직임(둥근 원)이 잔상으로(측면) 남겨져 원형을 이루는 궁체춤사위가 더욱 선명 하게 드러난다.

궁체 ③, 어깨돌리기_왼쪽 옆(4장단8호흡)

춤사위															
장단															
호흡표기															
호흡곡선															
호흡세기															
호흡구조	큰날숨	큰들숨	큰날숨	큰들숨	큰날숨	큰들숨	큰날숨	큰들숨	큰날숨	중간들숨	중간날숨	큰들숨	큰날숨	중간들숨	중간날숨

어깨돌리기(왼쪽 옆)의 궁체호흡 구조는 큰날숨(1박)–강한악센트(●)
의 큰들숨(1박) 네 번, 큰날숨(1박)–중간악센트(◉)의 중간들숨(1박)–중간날숨
(1박)–강한악센트(●)의 큰들숨(1박)을 두 번 반복하는 4장단8호흡이다. 호흡
부호를 보면 삼각형과 사다리꼴 모양의 두 가지가 규칙적으로 표기된다. 강한악
센트와 중간악센트가 교차되는 호흡곡선은 강약의 호흡 조절로 높낮이의 변화
를 리드미컬하게 보여준다. 삼각형 모양의 부호들은 호흡곡선이 상단과 하단에
점을 찍는 큰호흡이지만, 사다리꼴 모양의 부호들은 상단과 하단 사이에 점을
찍는 중간호흡으로 완만한 곡선을 그리는 차이를 볼 수 있다.

　　　왼쪽 옆을 보는 어깨돌리기의 궁체춤사위는 속도와 강약이 일정하며 규
칙적이다. 뒤(↑)를 보고 어깨를 돌릴 때는 왼발 앞 중심으로 굴신하면서 느리고
크게 한 번, 오른발 뒤 중심으로 느리고 크게 한 번, 앞 중심에서 뒤 중심으로 빠
르게 바꾸면서 무릎 굴신의 반동을 이용하여 힘차게 돌려준다.

궁체 ④. 어깨돌리기_뒤(4장단6호흡)

춤사위												춤사위
1	2	3	4	1	2	3	4	1	2	3	4	장단
큰날숨	큰들숨	큰날숨	큰들숨	큰날숨	큰들숨	큰날숨	큰들숨	큰날숨	큰들숨	큰날숨	큰들숨	호흡구조

어깨돌리기(뒤)의 궁체호흡 구조는 큰날숨(1박)-강한악센트(●)의 큰들숨(1박) 네 번 반복, 강한악센트(●)의 큰날숨(3박)-강한악센트(●)의 큰들숨(1박) 두 번 반복으로 이어지는 4장단6호흡이다. 호흡부호를 보면 폐에 공기를 가득 채웠다가 비우는 호흡으로 이어진다. 검정색삼각형의 들숨부호가 짧은 반면 흰색삼각형의 날숨부호는 짧은 것에서 차츰 길어지면서 무게감(여유)을 갖는다. 따라서 호흡곡선은 들숨이 하단에서 상단으로 빠르게 상승하고, 날숨이 상단에서 하단으로 빠르게 또는 천천히 하강하는 속도의 차이를 보임에 따라 하단과 상단 사이를 넘나드는 곡선으로 표기된다.

뒤를 보는 어깨돌리기의 궁체춤사위는 양팔을 가슴 앞에서 돌리되 속도가 빨라졌다가 느려지는 길고 짧음의 차이를 보이지만 모두 큰호흡이다. 양팔이 돌아가는 모습은 바퀴가 굴러가듯 힘차게 돌아가면서 원형으로 형성되는 궁체의 춤사위를 나타낸다.

7단계 밀고 당기고 누르기

'밀고 당기고 누르기'는 몸을 좌우수평으로 밀고 당기며 상하수직으로 눌러주는 기법이다. 몸의 무게를 복부와 허리에 두고 움직이는 수직과 수평의 밀도감을 익히고, 에너지를 몸 안으로 끌어들이고 몸 밖으로 밀어내는 '내외 호흡작용'을 이해한다.

[밀고 당기고 누르기] 필체 ①, 다리밀기_대각선 앞걸음(4장단2호흡)

춤사위																
장단	1	2	3	4	1	2	3	4	1	2	3	4	1	2	3	
호흡표기																
호흡곡선																
호흡세기	⊙				⊙				⊙				⊙			
호흡구조	작은들숨	작은들숨멈춤			큰들숨			큰날숨	작은들숨	작은들숨멈춤			큰들숨		늘	

'밀고 당기고 누르기'는 몸을 좌우수평으로 밀고 당기며 상하수직으로 눌러주는 움직임 기법이다.

다리밀기(대각선 앞걸음)의 필체호흡은 다리를 앞으로 밀어내는 움직임을 유도하는 직선호흡으로 바닥의 기운을 끌어들이고 내보낸다.

이와 같은 필체호흡의 구조는 약한악센트(⊙)의 작은들숨(1박)−작은들숨멈춤(3박)−약한악센트(⊙)로 차츰 커지는 큰들숨(3박)−큰날숨(1박)의 2장단 1호흡을 반복한다. 호흡부호는 검정색삼각형의 작은들숨부호가 멈춤으로 지속되다가 차츰 커지고, 흰색삼각형의 날숨부호가 짧게 마무리된다. 그러므로 호흡곡선은 하단선상에서 점으로 시작하여 낮게 그려지다가 상단까지 올라가 점을 찍은 후 급하강하여 굴곡이 생기는 불규칙적인 리듬곡선이 그려진다.

다리밀기의 필체춤사위는 오른발로 바닥에 반원을 그리면서 징검다리를 건너듯이 대각선 앞으로(╱) 밀고 나가면 왼발이 따라가 바닥에 점을 찍는다.

필체 ②. 다리당기기_뒷걸음(4장단4.5호흡)

2	3	4	1	2	3	4	1	2	3	4	1	2	3	4	1	2	3	4	장단

호흡표기 / 호흡곡선 / 호흡세기

| 중간들숨 | 날숨 | 중간들숨 | 날숨 | 중간들숨 | 날숨 | 중간들숨 | 날숨 | 중간들숨 | 중간들숨멈춤 | 큰들숨 | 호흡구조 |

다리당기기(뒷걸음)의 필체호흡 구조는 중간악센트(◉)의 중간들숨(1.6박)-중간날숨(0.4박), 약한악센트(⊙)의 중간들숨(1박)-중간들숨멈춤(6박)-강한악센트(●)의 큰들숨(1박)의 4장단4.5호흡이다. 호흡부호를 보면 검정색의 들숨부호와 흰색의 날숨부호가 대부분 사다리꼴인 중간크기의 호흡이다. 따라서 호흡곡선은 들숨이 하단선상에서 중간까지 올라갔다가 날숨이 짧게 급하강하는 것이 반복된 후, 들숨멈춤으로 길게 지속되다가 상단으로 올라가 점을 찍는다. 처음 들숨과 날숨이 한 호흡으로 이루어지지만 날숨이 사다리꼴 모양이므로 들숨의 시작점과 날숨의 끝점이 동일선상에 표기되지 않는다.

다리당기기의 뒷걸음 필체춤사위는 복부호흡(⊙)으로 허리(등)를 잡아당기면서 오른발부터 뒤로 네 걸음 간 다음, 뒷걸음으로 오른쪽(⌒) 여덟 걸음, 왼쪽(⌣) 여덟 걸음 하면서 바닥에 곡선을 그린다. 다리를 앞으로 밀고 뒤로 당기되 수직으로 세운 몸의 중심선이 무너지지 않도록 주의한다.

학체 ①, 양팔 밀고-당기기_오른쪽 앞·왼쪽 뒤 대각선(4장단4호흡)

춤사위																	
장단	1	2	3	4	1	2	3	4	1	2	3	4	1	2	3	
	⊕	⊕	⊕	I ○ I	⊕	⊕	⊕	I ○ I	⊕	⊕	⊕	I ○ I	⊕	⊕	⊕	I ○
호흡표기																
호흡곡선																
호흡세기			●				●				●				●	
호흡구조	큰날숨			큰들숨	큰날숨			큰들숨	큰날숨			큰들숨	큰날숨			큰들숨

　　양팔 밀고-당기기(오른쪽 앞·왼쪽 뒤 대각선)의 학체호흡은 양팔을 밖으로 밀어내고 안으로 당기는 움직임을 유도하는 곡선호흡이다. 양팔을 밀고 당기면서 몸 안의 기운을 토해내고 몸 밖의 기운을 끌어들인다.

　　이와 같은 학체호흡의 구조는 큰날숨(3박)-강한악센트(●)의 큰들숨(1박)의 1장단1호흡을 네 번 반복하는 4장단4호흡이다. 호흡부호를 보면 모두 사다리꼴 모양의 큰호흡으로 흰색날숨부호가 길고 검정색들숨부호가 짧다. 숨을 부드럽고 끈기 있게 내쉬는 날숨으로 시작하여 빠르고 강한들숨을 반복하면서 폐에 공기를 가득 채웠다가 내뱉기를 규칙적으로 이어간다.

　　양팔 밀고-당기기(오른쪽 앞·왼쪽 뒤 대각선)의 학체춤사위는 세 걸음 나아가 양팔을 밖으로 밀어내고 안으로 당기는 동작을 사방으로 바꾸어가면서 반복한다. 오른쪽 앞 대각선(╱뒷모습)으로 나아가는 동작은 오른다리와 오른손을, 왼쪽 뒤 대각선(╱뒷모습)은 왼다리와 왼손을 밀어내고 당겨준다.

학체 ②. 양팔 밀고–당기기_왼쪽 앞 · 오른쪽 뒤 대각선(4장단4호흡)

2	3	4	1	2	3	4	1	2	3	4	1	2	3	4	장단
	큰날숨	큰들숨	큰날숨		큰들숨	큰날숨		큰들숨	큰날숨		큰들숨				호흡구조

(표 항목: 춤사위 / 장단 / 호흡표기 / 호흡곡선 / 호흡세기 / 호흡구조)

양팔 밀고–당기기(오른쪽 앞 · 왼쪽 뒤 대각선)의 학체호흡 구조는 큰날숨(3박)–강한악센트(●)의 큰들숨(1박)을 네 번 반복하는 4장단4호흡으로 앞과 동일하다. 호흡곡선을 보면 폐에 공기를 가득 채운 상태에서 날숨이 하단으로 내려갔다가 들숨이 상단으로 급상승하기를 반복하는 곡선이 규칙적으로 그려진다. 들숨과 날숨의 부호가 모두 사다리꼴이므로 날숨의 호흡곡선이 하단 끝 지점까지 내려가지 않고 중간부분에 점을 찍게 된다.

양팔 밀고–당기기(오른쪽 앞 · 왼쪽 뒤 대각선)의 학체춤사위는 오른쪽 앞의 동작과 동일하다. 세 걸음 왼쪽 앞으로 나아가면서 양팔을 옆으로 들어 밖으로 밀어냈다가 안으로 끌어당긴다. 오른쪽 앞 대각선(╱)과 왼쪽 뒤 대각선(╱) 동작에 이어서, 왼쪽 앞 대각선(╲)으로 방향을 바꾸어 왼다리와 왼손을 밀고 당겨준 후, 오른쪽 뒤 대각선(╲) 방향에서 오른다리와 오른손을 밀어주고 당겨줌으로써 사방돌기를 모두 마무리한다.

궁체 ①, 온몸누르기_오른쪽 회전(총 8장단16호흡)

춤사위																
장단	1	2	3	4	1	2	3	4	1	2	3	4	1	2	3	
호흡표기																
호흡곡선																
호흡세기	⊙		⊙		⊙		⊙		⊙		⊙		⊙			
호흡구조	큰날숨	들숨	중간날숨	들숨	중간날숨	들숨	중간날숨	들숨	중간날숨	들숨	중간날숨	들숨	중간날숨	들숨	중간날숨	

온몸누르기의 궁체호흡은 몸을 끌어올렸다가 아래로 누르는 움직임을 유도하는 원형호흡이다. 아래에서 위로 위에서 아래로 오르내리는 수직적 개념의 호흡이다.

온몸누르기의 궁체호흡 구조는 큰날숨(1.6박)-중간악센트(⊙)의 중간들숨(0.4박), 중간악센트(⊙)의 중간들숨(1.6박)-중간들숨(0.4박) 일곱 번 반복, 큰들숨(0.4박)으로 뒤를 본다. 이와 동일한 호흡을 더 이어가는(앞으로 돌아오며) 총 8장단16호흡이다. 호흡부호를 보면 모두 사다리꼴 모양으로 짧게 들이쉰 숨을 천천히 내뱉되 무게감을 느끼면서 서서히 풀어주는 호흡이다. 날숨부호가 마름모꼴이므로 끈기 있게 눌러주면서 숨을 내쉬되 폐에 소량의 호흡을 남긴다. 따라서 호흡곡선은 점선의 날숨이 부드럽게 내려가고 실선의 들숨이 빠르게 급상승하는 리듬곡선이 규칙적으로 표기되지만 중간크기의 호흡은 상단과 하단 사이에, 큰 날숨의 시작과 큰들숨의 끝은 상단 선상에 각각 표기된다.

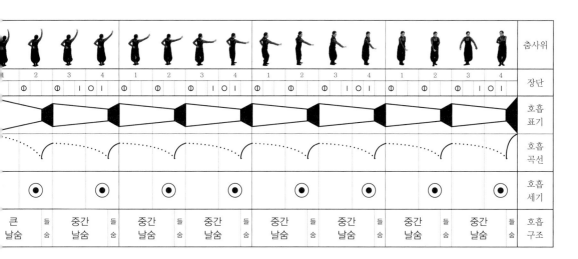

온몸누르기(오른쪽 회전)의 궁체춤사위는 숨을 내쉬면서 몸을 아래로 지그시 눌러주는 동작이다. 하체와 상체의 힘의 반작용과 '내외 호흡작용'을 느끼는 것이 중요하다. 무보의 춤사위를 보면 총 8장단16호흡으로 이어지는 동작은 들숨으로 끌어올리고 날숨으로 눌러주는 동작을 반복하면서 오른팔을 크게 들어준다. 숨을 크게 들이쉰 상태에서 몸을 아래로 누를 때는 무릎을 굽히는 것이 아니라 숨을 조금씩 내쉬면서 몸 전체를 부드럽게 눌러준다는 생각을 갖도록 한다. 즉 복부호흡(◉)으로 숨을 들이쉬고 가슴호흡으로 숨을 내쉬면서 몸을 살짝살짝 끌어올리고 내린다. 이때 허리를 편 자세에서 중심을 잡고 하체를 아래로 눌러주되 상체를 위로 끌어올리는 힘의 반작용을 느끼도록 한다. 몸을 아래로 누르면서 앞에서 뒤로 돌아갈 때는 무게중심을 발 앞에서 발뒤꿈치로 보내도록 하고(4장단 동안), 뒤에서 앞으로 돌아올 때는 발뒤꿈치에서 발 앞쪽으로 무게중심을 옮기면서 돌아가도록 한다(4장단 동안).

궁체 ②, 온몸누르기_왼쪽 회전(총 8장단16호흡)

춤사위																
장단	1	2	3	4	1	2	3	4	1	2	3	4	1	2	3	
	①	①		①	I O I	①		①	I O I	①		①	I O I	①		①	I O I	①		①	I O I
호흡표기																
호흡곡선																
호흡세기	◉		◉		◉		◉		◉		◉		◉		◉	
호흡구조	큰날숨	들숨	중간날숨	들숨	중간날숨	들숨	중간날숨	들숨	중간날숨	들숨	중간날숨	들숨	중간날숨	들숨	중간날숨	

　　　　왼쪽 방향으로 반복되는 온몸누르기의 궁체호흡은 오른쪽 온몸누르기와 동일하다. 총 8장단16호흡 동안의 호흡표기를 보면 중간크기의 검정색의 들숨 부호와 흰색의 날숨부호가 규칙적인 패턴으로 이어진다. 들숨과 날숨 모두 사다리꼴 모양으로 들숨이 강하고 날숨이 부드러운 호흡이다. 호흡곡선은 너울거리며 출렁이는 잔잔한 바다 물결과도 같이 일정하게 흘러간다. 몸속 깊은 곳에서 샘솟는 호흡의 기운은 마치 바닷속 신비스러움과도 같이 깊다.

　　　　큰날숨으로 시작하여 중간호흡으로 이어지는 호흡의 흐름을 보면 날숨이 상단선상에서 점으로 시작하여 상단과 하단 사이 중간부분까지 흘러내려가고, 중간지점에서 들숨이 조금 올라갔다가 날숨이 길게 내려가는 것이 규칙적으로 반복되는 흐름을 엿볼 수 있다. 8장단에서 처음 들숨의 시작점과 8장단 마지막 날숨의 끝점이 상단선상에서 만나고, 중간부분의 호흡은 모두 사다리꼴 모양의 중간호흡이므로 상단과 하단 사이 동일한 위치에 점을 찍게 된다. 그것은 시

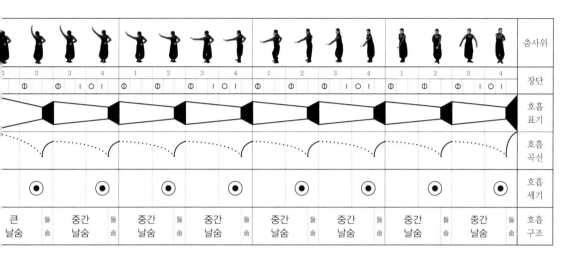

작점과 끝점이 하나의 원으로 만난다는 의미로 점선원에서 다시 점선원으로 이어지는 태극구조의 내외 순환원리의 호흡작용에 의해 동작이 완성됨을 뜻한다.

온몸누르기(왼쪽 회전)의 궁체춤사위는 오른쪽 춤사위와 동일하다. 무보의 춤사위—호흡표기—호흡곡선을 비교해 보면 동일한 리듬패턴으로 이어지고 있음을 알 수 있다. 날숨이 길고 들숨이 짧은 리듬에 맞춰 춤사위가 흘러간다. 왼쪽으로 돌아가면서 몸을 아래로 지그시 눌러주되 날숨으로 길게 눌러주고 들숨으로 짧게 끌어올리면서 왼팔을 서서히 들어주면서 돌아간다. 누르기에서는 멈춤 없이 들숨과 날숨으로만 이어지기 때문에 팔을 이용한 춤동작이 부드럽고 규칙적인 곡선을 그린다. 밀고—당기고—누르면서 회전하는 동작은 마치 둥근 태양이 돌아가는 모습과도 같이 보인다. 큰 원으로 그려진 '우주공간에 내 자신을 담는다'.

8단계 치고 떨어지기

'치고 떨어지기'는 상승과 낙하의 기법이다. 몸이나 옷자락을 쳐서 치솟아 오른 몸을 떨어뜨리는 기법이다. 빠르고 강한호흡의 치기로 끌어올린 몸을 끈기 있게 끌어내리는 움직임을 통해 외부 자극으로 인한 호흡변화와 움직임의 '내적 외적 공간의 상관관계'를 이해한다.

[치고 떨어지기] 필체 ①, 허벅지 치고-떨어지기_오른쪽(4장단1호흡)

춤사위																
장단	1	2	3	4	1	2	3	4	1	2	3	4	1	2	3	4
호흡표기																
호흡곡선																
호흡세기	⊙								⊙							
호흡구조	서서히 커지는 큰 들숨								큰 들숨멈춤				큰 날숨			

'치고-떨어지기'는 상승과 낙하의 기법이다.

허벅지 치고-떨어지기의 필체호흡은 양손으로 허벅지나 옷자락을 쳐서 들어올린 팔을 떨어뜨리는 움직임을 유도하는 직선호흡이다.

허벅지 치고-떨어지기(오른쪽)의 필체호흡 구조는 약한악센트(⊙)로 서서히 커지는 큰들숨(9박)-약한악센트(⊙)의 큰들숨멈춤(3박)-큰날숨(4박)의 4장단1호흡이다. 호흡부호를 보면 검정색삼각형의 들숨부호가 길고 큰 호흡이다. 이는 폐에 공기를 가득 채웠다가 비우는 호흡으로 검정색삼각형의 길고 큰 들숨부호가 멈춤으로 지속되고 흰색삼각형의 날숨부호로 차츰 마무리된다.

허벅지 치고-떨어지기(오른쪽)의 필체춤사위는 허벅지를 쳐서 끌어올린 양손을 머리 위로 뿌려 잠시 멈추었다가 떨어뜨리는 동작이다(16박 동안). 오른쪽 앞(╱), 왼쪽 앞(╲), 오른쪽 뒤(╲), 왼쪽 뒤(╱) 사방으로 방향을 바꾸어가면서 치고 떨어지기를 반복한다.

필체 ②, 허벅지 치고-떨어지기_왼쪽(4장단1호흡)

춤사위
2	3	4	1	2	3	4	1	2	3	4	1	2	3	4		장단
호흡표기
호흡곡선
호흡세기
서서히 커지는 큰 들숨							큰 들숨멈춤				큰 날숨					호흡구조

허벅지 치고-떨어지기(왼쪽)의 필체호흡 구조는 오른쪽과 동일하다. 호흡곡선을 보면 들숨에서 멈춤을 거쳐 날숨으로 마무리되는 큰호흡으로 공기를 가득 채웠다가 비우게 된다. 따라서 들숨인 실선의 점이 하단선상에서 차츰 상단으로 올라가 점을 찍고 멈춤을 지속한 후, 날숨인 점선이 하단으로 내려가 점을 찍는다. 한 호흡이 이루어진 큰호흡 상태이므로 시작점과 끝점이 모두 하단선상에 찍혀있으며, 하단과 상단의 폭을 가득 채우는 완만한 하나의 곡선이 표기된다. 들숨의 시작점과 날숨의 끝점이 동일하게 하단선상에 표기되므로 종국에는 두 개의 점이 하나로 만나 원으로 완성된다. 한 동작이 완성되었다는 의미이다.

　　허벅지 치고-떨어지기(왼쪽)의 필체춤사위는 오른쪽과 같다. 최대치로 끌어올린 들숨의 상승과 날숨의 낙하를 감각적으로 느끼면서 왼쪽 앞(↘)으로 방향을 바꾸어 오른쪽과 동일한 방법으로 동작한다. 이를 통해 몸속과 몸 밖의 '내적외적 공간의 상관관계'를 이해한다.

학체 ①, 몸통 치고-떨어지기_앞뒤(총 6장단7.5호흡)

춤사위																			
장단	1		2		3		4		1		2		3		4		1		2	3
	Ⅰ①		Ⅰ①		Ⅰ① Ⅰ○Ⅰ		Ⅰ① Ⅰ○Ⅰ		Ⅰ①		Ⅰ①		Ⅰ① Ⅰ○Ⅰ		Ⅰ① Ⅰ○Ⅰ		Ⅰ①		Ⅰ①	Ⅰ① Ⅰ○
호흡 표기																			
호흡 곡선																			
호흡 세기	⊙		⊙		⊙		⊙	⊙		⊙		⊙			⊙		⊙	⊙	⊙	⊙
호흡 구조	서서히 커지는 중간 들숨							중간 날숨	서서히 커지는 중간 들숨									중간 날숨		

몸통 치고-떨어지기의 학체호흡은 허벅지를 치고 몸통을 좌우로 흔들며 상승하는 움직임을 유도하는 곡선호흡이다. 매 박자 악센트를 주면서 에너지를 끌어올리는 생동감 있는 호흡이다.

몸통 치고-떨어지기의 학체호흡 구조는 약한악센트(⊙)로 서서히 커지는 중간들숨(7박)-중간날숨(1박)의 2장단1호흡을 반복하는 4장단2호흡에서 중간악센트(◉)의 중간들숨(0.4박)-중간날숨(0.6박), 강한악센트(●)의 큰들숨(1박)-큰날숨(1박), 중간악센트(◉)의 중간들숨(0.4박)-중간날숨(0.6박)을 반복, 강한악센트(●)의 큰들숨(1박)-큰날숨(1박), 강한악센트(●)의 큰들숨(1박)으로 이어가는 2장단5.5호흡 구조로, 총 6장단7.5호흡으로 마무리된다.

먼저 4장단2호흡의 부호를 보면 검정색삼각형의 들숨부호가 길고 흰색삼각형의 날숨부호가 짧은 중간크기의 호흡이다. 날숨부호가 삼각형 모양이므로 폐에 공기를 비운 상태이다. 그러므로 호흡곡선은 들숨이 하단선상에서 점으

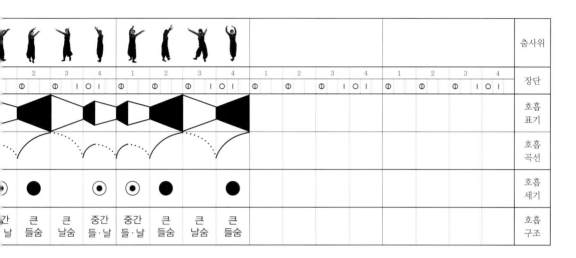

춤사위
2	3	4	1	2	3	4	1	2	3	4	1	2	3	4	장단
호흡표기
호흡곡선
⊙	●	⊙	⊙	●	●	●									호흡세기
간날	큰들숨	큰날숨	중간들·날	중간들·날	큰들숨	큰날숨	큰들숨								호흡구조

로 시작하여 낮게 지속되다가 조금 올라가 점을 찍은 후 날숨이 급하강함에 따라 하단선상에 점을 찍는 리듬곡선이 그려진다.

그다음 몸통 치고-떨어지기의 마무리 호흡은 검정색의 들숨부호와 흰색의 날숨부호가 삼각형과 사다리꼴 모양으로 호흡크기가 다른 표기를 볼 수 있다. 이와 같은 호흡의 곡선은 높낮이의 변화가 확연하게 드러나는 표기이다.

무보의 춤사위를 보면 몸통 치고-떨어지기의 학체춤사위는 다리를 벌리고 무릎을 굽힌 자세에서 복부호흡(⊙)으로 하체에 무게를 실어준다. 양쪽 다리를 단단히 잡아주고 숨을 들이쉬면서 척추를 에스자의 곡선으로 치고 흔들면서 상체를 차츰 끌어올렸다가 빠르게 내리는 동작이다. 마무리 동작은 양팔을 머리 위로 들어올리고 어깨를 좌우로 치면서 한 바퀴 돌아 앞을 보며 동작을 정리한다.

궁체 ①. 온몸 치고-떨어지기_상하좌우(총 8장단1.5호흡)

춤사위																
장단	1	2	3	4	1	2	3	4	1	2	3	4	1	2	3	
호흡표기																
호흡곡선																
호흡세기		●														
호흡구조	큰날숨	큰들숨	큰들숨멈춤													

온몸 치고-떨어지기의 궁체호흡은 양팔을 머리 위로 들고 어깨를 치고 떨어뜨리는 움직임을 유도하는 원형호흡이다.

이와 같은 궁체호흡의 구조는 큰날숨(1박)을 짧게 내쉬는 것으로 시작하여 강한악센트(●)의 큰들숨(1박)-길고 큰들숨멈춤(14박)-약한악센트(⊙)의 큰날숨(1박)-큰멈춤(3박)-중간날숨(1박)-중간멈춤(3박)-중간날숨(1박)-중간멈춤(3박)-작은날숨(1박)-작은멈춤(2박)-작은날숨(1박)을 한 호흡으로 하는 총 8장단1.5호흡이다. 호흡부호를 보면 큰날숨으로 시작하여 강한악센트(●)의 큰들숨을 멈춤으로 길게 지속하면서 힘을 모아간 다음, 짧은날숨(사다리꼴)과 멈춤을 반복하면서 날숨이 단계적으로 작아지는 표기이다. 따라서 검정색삼각형의 들숨부호가 멈춤으로 길게 이어진 다음, 흰색사다리꼴의 날숨부호와 멈춤부호가 반복되면서 조금씩 단계적으로 내쉬게 된다. 호흡곡선은 큰들숨이 멈춤으로 이어지다가 날숨이 한 계단 한 계단 내려가듯이 조금씩 떨어지는

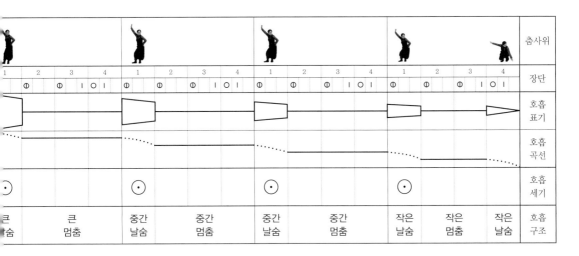

곡선으로 표기된다. 들숨의 시작점과 날숨의 끝점이 모두 다른 위치에 찍혀지는 변화가 많은 호흡이지만, 큰들숨으로 시작하는 시작점과 작은날숨으로 끝나는 끝점이 하단선상에 동일하게 점을 찍게 되므로 한 호흡(31박 동안)으로 온몸 치고-떨어지기의 동작을 춤추게 된다.

온몸 치고-떨어지기의 궁체춤사위는 총 8장단1.5호흡 동안 호흡을 조금씩 끊어 내쉬면서 몸을 단계적으로 낮추는 동작이다. 무보의 춤사위와 호흡표기를 보면 짧은숨을 크게 들이쉰 상태에서 날숨으로 시작한다. 빠르고 강한악센트의 반동의 힘을 이용하여 들숨으로 몸을 일으키며 오른손을 머리 위로 들고(1박 동안) 멈춤으로 길게 이어간다(14박 동안). 이어서 가슴에 호흡을 머금은 채 숨을 조금씩 내쉬고 멈추는 큰날숨에서 중간날숨과 작은날숨으로 몸을 낮추며 앉는다(16박 동안). 이때 빠른 들숨으로 가슴에 두었던 호흡이 복부로 차츰 내려가면서 몸이 점점 더 낮아진다.

9단계 어르고 지수기

'어르고 지수기'는 에너지를 응축시켜 좌우세로 몸을 낮추거나 미세하게 흔드는 기법이다. 박자와 박자 사이사이를 넘나드는 미세한 호흡과 섬세한 움직임으로 집중하면서 몸속 에너지의 흐름을 조절하는 '내적 움직임의 절제를 통해 감정의 극대화'를 이끌어낸다.

[어르고 지수기] 필체 ①, 양손모으기_가슴에(총 8장단1호흡)

춤사위																	
장단	1	2	3	4	1	2	3	4	1 ⦿	2 ⦿	3 ⦿	I O I 4	1 ⦿	2 ⦿	3 ⦿	I O I
호흡 표기																	
호흡 곡선																	
호흡 세기																	
호흡 구조						서서히 작아지는 큰 날숨											

'어르고 지수기'는 에너지를 응축시켜 좌우세로 몸을 낮추거나 미세하게 흔드는 기법이다.

양손모으기(가슴에)의 필체호흡은 호흡의 기운을 손끝에 모아 몸속으로 끌어들이는 직선호흡이다. 내적 흐름의 절제를 통해 움직임을 응축시키는 무게감으로 이어간다.

양손모으기(가슴에) 필체호흡 구조는 서서히 작아지는 큰날숨(16박)-약한악센트(⦿)의 서서히 커지는 큰들숨(16박)으로 이어지는 총 8장단1호흡이다. 호흡부호를 보면 흰색사다리꼴의 날숨부호가 조금씩 작아지면서 길어지고, 검정색사다리꼴의 들숨부호가 차츰 커지면서 길게 이어진다. 점선으로 표기되는 날숨이 상단에서 조금 내려가 상단과 하단 사이에 점을 찍고, 실선으로 표기되는 들숨이 상승하여 상단선상에 점을 찍는다. 호흡의 세로 폭이 넓게 표기되므로 폐에 공기를 가득 채우는 큰호흡이다. 숨을 크게 들이쉰 상태에서 조금 내쉬

																춤사위
1	2	3	4	1	2	3	4	1	2	3	4	1	2	3	4	장단
																호흡 표기
																호흡 곡선
⊙																호흡 세기
				서서히 커지는 큰 들숨												호흡 구조

고 조금 들이쉬는 호흡이기 때문에 상단 가까이에 길고 완만한 곡선을 그리게 된다. 호흡의 무게를 복부에서 가슴으로 끌어올린 상태의 표기이다.

양손모으기(가슴에)의 필체춤사위는 양손에 에너지를 모아 가슴에 가볍게 얹어놓고 좌우세로 몸을 낮추는 동작이다. 무보의 춤사위와 호흡의 관계를 살펴보면 약한악센트(⊙)로 복부에 호흡을 넣어 허리를 편 자세에서 하체로 중심을 잡는다. 서서히 작아지는 긴날숨(16박 동안)으로 몸 밖의 기운을 양손에 모으고, 서서히 커지는 긴들숨(16박 동안)으로 양손 끝에 모은 기운을 몸속으로 끌어들이는 내외 호흡작용을 느끼면서 동작한다. 미세한 움직임으로 자신에게 집중하면서 '감정의 극대화'를 이끌어내는 춤사위이다.

필체 ②, 내려가기_제자리(총 8장단1.5호흡)

춤사위																
장단	1	2	3	4	1	2	3	4	1	2	3	4	1	2	3	4
	①	①	①	Ⅰ○Ⅰ	①	①	①	Ⅰ○Ⅰ	①	①	①	Ⅰ○Ⅰ	①	①	①	Ⅰ○Ⅰ
호흡표기																
호흡곡선																
호흡세기																
호흡구조								서서히 작아지는 큰 날숨								

내려가기 필체호흡 구조는 서서히 작아지는 큰날숨(20박)-약한악센트(⊙)로 서서히 커지는 큰들숨(8박)-큰날숨(4박)의 총 8장단1.5호흡으로 날숨이 매우 길다. 숨을 크게 들이쉰 상태에서 점점 작아지는 날숨으로 움직임에 집중하면서 절제된 동작을 이어간다. 호흡부호를 보면 날숨이 총 20박으로 흰색삼각형의 날숨부호 폭이 서서히 좁아지면서 길게 이어지고, 검정색삼각형의 들숨부호가 차츰 커진 다음, 다시 흰색삼각형의 날숨부호가 작아진다. 가슴까지 끌어올린 큰들숨상태에서 아주 느리게 끌어내리는 호흡이므로 무게감을 갖는다. 처음 시작이 폐에 가득 들어차 있던 공기가 조금씩 빠져나가므로 호흡곡선은 점선의 날숨이 상단선상에서 천천히 하강하여 하단선상에 점을 찍게 되고, 그다음 실선의 들숨이 상단까지 차츰 올라가 점을 찍은 후, 다시 날숨으로 내려가 하단선상에 점을 찍는 두 개의 완만한 곡선으로 표기된다.

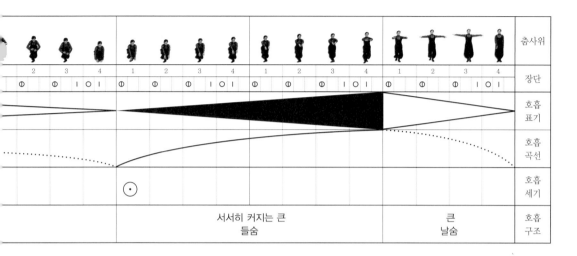

														춤사위
2	3	4	1	2	3	4	1	2	3	4	1	2	3	장단
														호흡표기
														호흡곡선
														호흡세기
서서히 커지는 큰 들숨									큰 날숨					호흡구조

　　총 8장단1.5호흡 동안 어르고 지수며 내려가기의 필체춤사위는 내적 흐름을 절제하는 동작이다. 무보의 춤사위와 호흡의 흐름을 보면 숨을 내쉬면서 양손에 모은 기운을 몸 밖으로 내보내고, 숨을 들이쉬면서 몸속으로 끌어들이기 위해 몸을 좌우로 미세하게 흔들면서 내려앉는다. 폐에 공기를 가득 채운 큰들숨상태에서 서서히 숨을 내쉬면서 몸을 낮추기 시작한다(20박 동안). 날숨으로 몸을 서서히 낮출 때는 무릎을 굽힌다는 생각보다는 숨을 내쉬는 호흡의 흐름에 따라 몸 전체를 아래로 내린다는 느낌으로 동작한다. 이는 몸의 무게를 무릎에 두지 않고 복부에 둔 상태에서 움직인다는 의미이며, 무릎 상해를 방지하기 위한 훈련법이기도 하다. 긴날숨으로 양손을 모으고 어르고 지수기를 지속한 다음, 숨을 깊이 들이쉬었다가 내쉬며 빠른 뒷걸음으로 동작을 마무리한다(12박 동안).

학체 ①. 한팔휘감기_앞걸음(4장단2호흡)

춤사위																	
장단	1	2	3	4	1	2	3	4	1	2	3	4	1	2	3	
호흡표기																
호흡곡선																
호흡세기	⊙								⊙							
호흡구조	서서히 커지는 큰 들숨							큰 날숨	서서히 커지는 큰 들숨							큰 날

　　한팔휘감기의 학체호흡은 팔을 몸에 휘감아 좌우로 흔들면서 호흡의 기운을 위로 상승시키는 직선호흡이다.

　　한팔휘감기의 학체호흡은 약한악센트(⊙)로 서서히 커지는 큰들숨(7박)－큰날숨(1박)의 2장단1호흡을 반복하는 구조이다. 호흡부호는 검정색삼각형의 들숨부호가 점점 커지면서 길어지고, 흰색삼각형의 날숨부호는 짧게 마무리된다. 따라서 호흡곡선은 들숨을 길게 가져가면서 힘을 모아가게 되므로 들숨이 하단선상에서 상단까지 차츰 상승하여 점을 찍고, 날숨은 짧기 때문에 급하강하여 하단선상에 점을 찍는 것으로 표기된다. 천천히 쌓아간 에너지를 빨리 내뱉고 다시 차곡차곡 쌓아가는 호흡곡선이 동일하게 그려진다.

　　한팔휘감기의(앞걸음)의 학체춤사위는 한 걸음 크게 나아가 뒤따라온 발로 바닥에 점을 찍으면서 팔을 몸통에 휘감아 치솟았다가 빠르게 내리는 동작이다. 마치 덩쿨이 담장을 타고 올라가듯 팔을 몸통에 휘감아 위로 치솟는다.

궁체 ①. 양팔휘감기_옆걸음(4장단2호흡)

																	춤사위
1	2	3	4	1	2	3	4	1	2	3	4	1	2	3	4		장단
⊙	⊙	I O I	⊙	⊙	I O I	⊙	⊙	I O I	⊙	⊙	I O I						
																	호흡표기
																	호흡곡선
⊙		⊙						⊙		⊙							호흡세기
서서히 커지는 큰 들숨							큰 날숨	서서히 커지는 큰 들숨							큰 날숨		호흡구조

양팔휘감기의 궁체호흡은 허리를 굽혀 돌아가면서 양팔을 휘감으며 몸속으로 끌어들인 호흡의 기운을 위로 발산하는 원형호흡이다.

양팔휘감기의 궁체호흡은 약한악센트를 두 번 겹(⊙⊙)으로 주면서 서서히 커지는 큰들숨(7박)−큰날숨(1박)의 2장단1호흡을 두 번 반복하는 구조로 한팔휘감기와 같다. 따라서 들숨이 하단에서 상단으로 차츰차츰 올라간 후, 날숨이 급하강하는 두 개의 호흡곡선이 그려진다. 들숨−날숨의 한 호흡을 두 번 반복하면서 양팔을 몸통에 휘감는 동작을 춤추게 된다.

양팔휘감기(옆걸음)의 궁체춤사위는 오른쪽과 왼쪽 옆으로 돌아가면서 동작한다. 무보의 춤사위와 호흡의 흐름을 보면 들숨에 양팔을 몸통에 휘감아 좌우로 어르며 머리 위로 들어올리고, 들어올린 양팔을 날숨으로 풀어주면서 지수는 동작이다. 복부에 호흡을 넣고 등을 굽혀 양팔을 휘감으면서 옆으로 돌아가게 되면 둥근 원을 그리는 궁체의 동작선을 만들어낸다.

10단계 꺾기

'꺾기'는 몸의 뼈 마디마디를 자유자재로 분절시켜 꺾는 기법이다. 섬세한 호흡으로 팔과 다리와 온몸의 뼈 마디마디를 스타카토 식으로 꺾는다. 고도의 테크닉을 요하는 섬세한 기법으로 '복부호흡의 무게감과 흉부호흡의 섬세함의 차이'를 이해하고 온몸을 자유자재로 컨트롤할 수 있는 능력을 키운다.

[꺾기] 필체 ①, 다리꺾기_오른다리 앞(4장단1호흡)

춤사위															
장단	1	2	3	4	1	2	3	4	1	2	3	4	1	2	3
호흡표기															
호흡곡선															
호흡세기	⊙		⊙		⊙		⊙		⊙		⊙		⊙		
호흡구조	작은 들숨	작은 멈춤	작은 들숨	작은 멈춤	작은 들숨	작은 멈춤	작은 들숨	작은 멈춤	중간 들숨	중간 멈춤	중간 들숨	중간 멈춤	큰 들숨		큰 날

'꺾기'는 온몸의 뼈 마디마디를 분절시켜 꺾는 기법이다.

다리꺾기의 필체호흡은 다리의 뼈 마디마디(발뒤꿈치−발볼−발끝−발목−무릎−대퇴 부위)를 꺾는 움직임을 유도하는 직선호흡이다.

오른다리 꺾기의 필체호흡 구조는 약한악센트(⊙)의 들숨(1박, 점점 커짐)−약한악센트(⊙)의 들숨멈춤(1박)을 여섯 번 반복−약한악센트(⊙)의 큰들숨(3박)−큰날숨(1박)의 4장단1호흡으로, 매 박자 악센트를 주는 경쾌한 호흡이다. 호흡부호를 보면 검정색의 들숨부호가 삼각형에서 사다리꼴로 변해가면서 호흡이 복부에서 가슴으로 차츰 올라가게 되므로 '복부호흡의 무게감과 흉부호흡의 섬세함의 차이'를 느끼도록 한다. 호흡 상태를 나타내는부호가 매우 특이한 모양으로 뼈와 뼈 사이의 간격을 넓혀주는 느낌이다.

오른다리 꺾기(앞)의 필체춤사위는 긴들숨으로 에너지를 쌓아가면서 오른다리부터 사방으로 돌아가면서 다리의 마디마디를 꺾어준다.

필체 ②. 다리꺾기_왼다리 옆(4장단1호흡)

춤사위														
장단														
호흡표기														
호흡곡선														
호흡세기														
작은숨	작은멈춤	작은들숨	작은멈춤	작은들숨	작은멈춤	작은들숨	작은멈춤	중간들숨	중간멈춤	중간들숨	중간멈춤	큰들숨	큰날숨	호흡구조

방향을 바꾸어 옆을 본 왼다리 꺾기의 필체호흡은 오른다리 꺾기와 동일하다. 점진적으로 커져가는 검정색들숨부호의 모양이 마치 뼈 마디마디가 연결되어 있는 것처럼 특이하게 표기되며, 들숨곡선 또한 산등선이 굽이굽이 펼쳐지듯, 또는 한 계단 한 계단 올라가듯 단계적으로 상승하는 것으로 표기된다. 멈춤호흡의 특성이 잘 드러나면서 뼈 마디마디 사이에 공기가 들어차 뼈와 뼈 사이가 넓어지는 표기이다.

옆을 본 왼다리 꺾기의 필체춤사위는 오른쪽과 동일하다. 무보의 춤사위와 호흡의 흐름을 보면 약한악센트(⊙)로 복부를 수축시키고 가슴에 숨을 머금은 상태, 즉 들숨과 멈춤을 계속하면서 앞(↓오른다리)으로 동작한 후, 오른쪽 옆(→왼다리), 뒤(↑오른다리), 왼쪽 옆(→오른다리), 앞(↓오른다리)으로 방향을 바꿔가면서 오른다리와 왼다리를 교대로 꺾어준다. 꺾기는 고도의 테크닉을 요하는 기법으로 춤동작을 자유자재로 컨트롤할 수 있는 능력을 길러준다.

필체 ③, 다리꺾기_오른다리 뒤(4장단1호흡)

춤사위															
장단	1	2	3	4	1	2	3	4	1	2	3	4	1	2	3	4
호흡표기																
호흡곡선																
호흡세기	⊙		⊙		⊙		⊙		⊙		⊙		⊙			
호흡구조	작은들숨	작은멈춤	작은들숨	작은멈춤	작은들숨	작은멈춤	작은들숨	작은멈춤	중간들숨	중간멈춤	중간들숨	중간멈춤	큰들숨			큰날숨

      뒷모습의 다리꺾기 필체춤사위이다. 2박 간격으로 약한악센트(⊙)가 동반되는 호흡은 15박 동안 지속적으로 커지다가 1박의 날숨호흡으로 짧게 마무리된다. 짧은 멈춤이 들숨과 들숨 사이사이에 끼어 있으므로 순간순간의 멈춤이 강조된다. 멈춤기법으로 인해 특이한 호흡패턴을 만들어내는 한국춤 특성을 이해하게 된다.

      이렇듯 한국춤의 독특한 멈춤호흡이 들숨과 들숨 사이사이에 끼어드는 춤기법에 의해 뼈 마디마디를 꺾는 독특한 움직임의 동작선이 창출된다. 꺾기를 통해 호흡의 기운이 동작의 흐름을 만들어내는 움직임원리를 더욱 세밀하게 느껴보도록 한다.

필체 ④. 다리꺾기_왼다리 옆(4장단1호흡)

															춤사위
2	3	4	1	2	3	4	1	2	3	4	1	2	3	4	장단
															호흡표기
															호흡곡선
⊙		⊙		⊙		⊙		⊙		⊙		⊙			호흡세기
…숨	작은멈춤	작은들숨	작은멈춤	작은들숨	작은멈춤	작은들숨	작은멈춤	중간들숨	중간멈춤	중간들숨	중간멈춤	큰 들숨		큰 날숨	호흡구조

왼쪽 옆으로 방향을 바꾼 다리꺾기의 필체춤사위는 오른다리 꺾기와 동일하다. 호흡을 짧게 끊어가면서 뼈 마디마디를 꺾는 호흡표기에서 소량의 숨을 머금은 복부호흡으로 시작하는 작은 삼각형의 들숨부호가 사다리꼴로 변해가면서 호흡이 점점 커진다. 이는 복부에서 흉부로 차츰차츰 끌어올리는 호흡상태이다. 이와 같은 호흡표기를 통해 복부호흡의 무게감과 흉부호흡의 섬세함의 차이를 이해하고 자신의 호흡으로 꺾기를 시도해본다. 단계적으로 끊어가는 호흡은 조금씩 조금씩 공기를 들이마셔 폐에 공기를 채우게 되고 가득 채워진 숨을 1박 동안 짧게 내쉬게 된다. '호흡의 양과 테크닉의 관계'를 이해하고 자신의 테크닉과 호흡기법을 만들어내도록 시도해본다.

학체 ①, 팔꺾기_뒷걸음(총 8장단8호흡)

춤사위																
장단	1	2	3	4	1	2	3	4	1	2	3	4	1	2	3	
	ⓘ	ⓘ	ⓘ I O I	ⓘ	ⓘ	ⓘ I O I	ⓘ	ⓘ	ⓘ I O I	ⓘ	ⓘ	ⓘ I O I				
호흡표기																
호흡곡선																
호흡세기	⊙	●	⊙	⊙	⊙	⊙	●	⊙	⊙	●	⊙	⊙	⊙	⊙	●	⊙
호흡구조	들숨	멈춤	큰들숨	날숨	멈춤	날숨	멈춤	날숨	작은멈춤	큰들숨	큰날숨	들숨	멈춤	큰들숨	날숨	멈춤 날숨 멈춤 날숨 작은멈춤 큰들숨 큰날

팔꺾기의 학체호흡은 팔의 마디마디(손끝-손목-팔꿈치-겨드랑이)를 꺾는 움직임을 유도하는 곡선호흡으로 섬세하고 기교적이다. 복부와 흉부를 오고 가는 독특한 호흡기법이다.

팔꺾기의 학체호흡은 약한악센트(⊙)의 작은들숨(0.5박)-약한악센트(⊙)의 작은들숨멈춤(0.5박)-강한악센트(●)의 큰들숨(1박)-약한악센트(⊙)의 큰날숨(0.5박)-약한악센트(⊙)의 큰날숨멈춤(0.5박)-약한악센트(⊙)의 중간날숨(0.5박)-약한악센트(⊙)의 날숨멈춤(0.5박)-약한악센트(⊙)의 작은날숨(0.5박)-약한악센트(⊙)의 날숨멈춤(1.5박)의 한 호흡, 강한악센트(●)의 큰들숨(1박)-약한악센트(⊙)의 큰날숨(1박)의 한 호흡을 네 번 반복하는 총 8장단8호흡으로 춤춘다. 호흡부호는 들숨, 날숨, 멈춤의 길이가 모두 짧고 부호의 모양이 삼각형과 사다리꼴로 변화가 많으며 멈춤부호가 사이사이에 끼어 있어 절제를 유도한다.

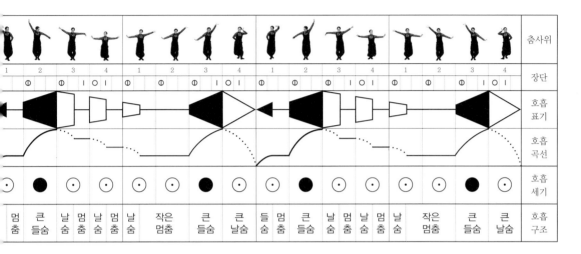

춤사위																					
장단	1		2		3		4		1		2		3		4		1		2		3	4
호흡구조	멈춤	큰들숨	날숨	멈춤	날숨	멈춤	날숨	작은멈춤	큰들숨	큰날숨	들숨	멈춤	큰들숨	날숨	멈춤	날숨	멈춤	날숨	작은멈춤	큰들숨	큰날숨	

호흡곡선은 하단 맨 아래에서 상단 끝 지점까지 넘나들며 다양한 패턴의 곡선을 만들어낸다. 하단선상에서 시작되는 작은들숨이 조금 상승하여 멈춤의 수평으로 유지하다가 들숨이 급상승하여 상단까지 올라가 점을 찍고, 날숨이 조금 하강하여 멈춤을 유지하기를 반복한다. 그다음 다시 들숨과 날숨이 급상승하고 급하강하는 것을 반복하면서 하단 맨 아래까지 내려가 점을 찍는다(8박동안). 매 박자마다 악센트를 주는 경쾌한 느낌의 짧은호흡을 이어가면서 들숨과 날숨과 멈춤의 리드미컬한 호흡곡선을 그린다.

팔꺾기의 학체춤사위는 팔의 마디마디를 꺾어주면서 움직임의 변화를 유도해 낸다. 무보의 춤사위와 호흡표기의 변화를 비교해 보면 오른발 오른손, 왼발 왼손을 교대로 들어올리고 내린다. 멈춤 호흡이 들숨과 들숨 사이뿐만 아니라 날숨과 날숨 사이에도 끼어들면서 더욱 경쾌한 분위기의 동작선을 공간에 남긴다.

궁체 ①, 온몸꺾기_팔다리 제자리(4장단2호흡)

춤사위																
장단	1	2	3	4	1	2	3	4	1	2	3	4	1	2	3	4
호흡표기																
호흡곡선																
호흡세기	⊙	⊙	⊙	⊙	⊙	⊙	⊙	⊙	⊙	⊙	⊙	⊙	⊙	⊙	⊙	⊙
호흡구조	들숨 멈춤	들숨 멈춤	들숨 멈춤	들숨 멈춤	날숨 멈춤	날숨 멈춤	날숨 멈춤	날숨 멈춤	들숨 멈춤	들숨 멈춤	들숨 멈춤	들숨 멈춤	날숨 멈춤	날숨 멈춤	날숨 멈춤	날숨

온몸꺾기의 궁체호흡은 온몸의 **뼈** 마디마디를 섬세하게 꺾는 움직임을 유도하는 원형호흡이다. 온몸꺾기의 호흡은 매 박자 약한악센트(⊙)를 넣어 집중하는 호흡으로 경쾌하고 차분하게 이어가면서 절제를 유도해낸다.

온몸꺾기의 궁체호흡 구조는 약한악센트(⊙)의 작은들숨(0.5박, 점점 커짐)-약한악센트(⊙)의 작은들숨멈춤(0.5박) 네 번, 약한악센트(⊙)의 날숨(0.5박, 점점 작아짐)-약한악센트(⊙)의 날숨멈춤(0.5박)을 네 번 끊어가는 4장단2호흡이다. 호흡부호를 보면 들숨과 멈춤이 반복되면서 들숨이 미세하게 커져가고, 날숨과 멈춤이 반복되면서 날숨이 조금씩 작아진다. 호흡의 길이는 들숨과 날숨이 모두 4박자로 같고, 짧게 짧게 끊어가는 작은호흡으로 복부와 흉부의 호흡이 오고간다.

온몸꺾기의 궁체춤사위는 짧은호흡으로 손끝-손목-팔-목-가슴-어깨-목과 발뒤꿈치-발볼-발끝-발목-무릎-대퇴 부위의 마디마디를 꺾는다.

궁체 ②, 온몸꺾기_내려앉기 제자리(4장단4호흡)

																춤사위
1		2		3		4		1		2		3		4		장단

호흡표기 / 호흡곡선 / 호흡세기

| 멈춤 | 들숨 | 멈춤 | 날숨 | 멈춤 | 날숨 | 멈춤 | 들숨 | 멈춤 | 들숨 | 멈춤 | 날숨 | 멈춤 | 날숨 | 멈춤 | 들숨 | 멈춤 | 들숨 | 멈춤 | 날숨 | 멈춤 | 날숨 | 멈춤 | 들숨 | 멈춤 | 들숨 | 멈춤 | 날숨 | 멈춤 | 날숨 | 멈춤 | 호흡구조 |

온몸꺾기의 내려앉기 호흡은 약한악센트(⊙)의 작은들숨(0.5박, 점점 커짐)-약한악센트(⊙)의 작은들숨멈춤(0.5박)을 두 번, 약한악센트(⊙)의 작은날숨(0.5박, 점점 작아짐)-약한악센트(⊙)의 작은날숨멈춤(0.5박)을 두 번 이어가는 1장단1호흡 구조의 4장단4호흡이다. 호흡표기는 들숨과 멈춤, 날숨과 멈춤이 교대로 일어나면서 검정색들숨부호와 흰색날숨부호가 점점 더 작아진다. 이에 따라 호흡곡선이 하단 가까이에 표기된다. 호흡이 작아지면 작아질수록 호흡곡선은 하단에 더 가깝게 그려진다.

온몸꺾기의 내려앉기 궁체춤사위는 어깨높이로 든 양손을 뒤집고 엎으면서 팔, 다리, 온몸의 마디마디를 꺾는 동작이다. 온몸의 마디마디를 꺾는 동작은 매우 섬세한 동작이므로 약한악센트의 작은들숨과 멈춤, 약한악센트의 작은날숨과 멈춤으로 이어가면서 집중을 유도해낸다. 온몸을 꺾는 상승 동작이지만 호흡은 더욱 절제되고 있음을 알 수 있다.

11단계 구르고 튕기고 뛰어오르기

'구르고 튕기고 뛰어오르기'는 발로 바닥을 구르고 몸을 튕기면서 에너지를 끌어올려 뛰어오르는 기법이다. 발구르기로 에너지를 끌어올리고 몸튕기기로 치솟아 올라 마침내 뛰어오르기로 절정에 이르게 된다. 몸이 저절로 반응하는 즉흥의 몰입상태를 통해 '움직임의 시간 · 공간 · 힘의 관계'를 이해한다.

[구르고 튕기고 뛰어오르기] 필체 ①, 발구르기_앞(4장단10호흡)

춤사위																			
장단	1	2	3	4	1	2	3	4	1	2	3	4	1	2	3	4			
호흡표기																			
호흡곡선																			
호흡세기	⊙		⊙		⊙		⊙		⊙		⊙		⊙	⊙	⊙	⊙			
호흡구조	중간날숨	중간들숨	중간날숨	중간들숨	중간날숨	중간들숨	중간날숨	중간들숨	중간날숨	중간들숨	중간날숨	중간들숨	날숨	들숨	날숨	들숨	날숨	들숨	날숨

'구르고 튕기고 뛰어오르기'는 발로 바닥을 구르면서 에너지를 끌어올려 몸을 튕기고 뛰어오르는 기법이다.

발구르기(앞)의 필체호흡은 발뒤꿈치로 바닥을 굴러 발아래의 기운을 끌어올리는 직선호흡이다.

발구르기(앞)의 필체호흡 구조는 중간악센트(◉)의 중간날숨(1박)-중간들숨(1박)의 한 호흡을 여섯 번 반복, 약한악센트(⊙)의 작은날숨(0.5박)-작은들숨(0.5박)을 반복한 후 약한악센트(⊙)의 중간들숨(0.5)으로 중간호흡은 복식호흡을 사용하고, 약한호흡은 흉식호흡을 사용하는 총 4장단10호흡이다. 호흡부호를 보면 들숨과 날숨부호가 모두 사다리꼴 모양의 규칙적인 패턴으로 표기되며, 하단과 상단 사이에 호흡곡선이 그려진다.

발구르기의 필체춤사위(앞걸음)는 발뒤꿈치로 바닥을 굴러 에너지를 끌어올리면서 빠른 걸음으로 굴러주면서 앞으로 나온다.

필체 ②. 발구르기_뒤(4장단16호흡)

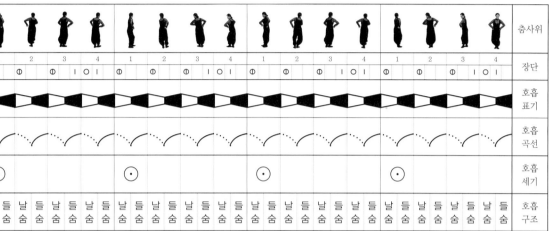

춤사위																
장단	1		2		3	4	1		2		3	4	1		2	...

발구르기(뒤)의 필체호흡은 더 작은호흡으로 이어간다. 약한악센트(⊙)의 중간날숨(0.5)-작은들숨(0.5)로 시작하여 작은날숨(0.5박)-작은들숨(0.5박)의 1박1호흡 구조로 일정하게 이어간다. 호흡부호를 보면 검정색의 들숨부호와 흰색의 날숨부호가 모두 사다리꼴 모양으로 짧고 작은호흡이다. 규칙적으로 반복되는 리듬패턴으로 4장단 동안 16개의 동일한 호흡곡선을 그리며 잔잔한 파동을 만들어낸다. 1박 동안 날숨-들숨의 한 호흡을 16번 반복하면서 발구르기의 동작을 춤추게 된다.

발구르기의 필체춤사위(뒷모습)는 발을 바닥에 구르면서 뒤를 보고 가는 잔걸음 동작이다. 무보의 춤사위와 호흡표기를 비교해 보면 약한악센트(⊙)의 짧은들숨과 날숨이 반복되는 경쾌한 리듬의 춤사위로 복부에 호흡을 넣은 상태에서 발을 굴러 에너지를 끌어올리면서 오른발(⌢), 왼발(⌣), 오른발(⌢), 왼발(⌣)을 교대로 굴러준다. 바닥에 에스자의 동선을 그리면서 뒤쪽으로 간다.

필체 ③, 발구르기_다지기 앞걸음(총 6장단9호흡)

춤사위																
장단	1	2	3	4	1	2	3	4	1	2	3	4	1	2	3	4
	①	①	① I O I	①	①	① I O I	①	①	① I O I	①	①	① I O I
호흡표기																
호흡곡선																
호흡세기	⊙		⊙		⊙	⊙	⊙	⊙	⊙							
호흡구조	날숨	들숨	날숨	들숨	날숨	들숨	날숨	들숨	날숨	들숨	날숨	들숨	날숨	들숨	날숨	들숨

서서히 커지는 큰 들숨

발구르기의 다지기 필체호흡은 작은날숨(0.5박)−약한악센트(⊙)의 작은들숨(0.5박) 한 호흡을 반복한 후 약한악센트(⊙)의 작은들숨 · 중간악센트(◉)의 중간들숨 · 강한악센트(●)의 큰들숨(총 16박)으로 길게 지속하는 총 6장단9호흡 구조이다. 호흡부호는 작은들숨과 날숨이 일정하게 반복되다가 점점 강해지면서 커지는 들숨으로 모두 사다리꼴 모양의 부호이며 복부에 호흡을 넣은 상태에서 들숨과 날숨이 이어진다. 검정색의 들숨부호와 흰색의 날숨부호가 사다리꼴 모양의 규칙적인 패턴으로 이어지다가, 검정색의 들숨부호가 서서히 커지면서 힘을 모아가는 것으로 표기된다. 따라서 호흡곡선은 짧은 들숨과 날숨이므로 하단 가까이에서 오르내리는 여덟 개의 리듬곡선이 동일한 패턴으로 지속된 후, 들숨이 차츰차츰 커지면서 상단까지 상승하는 길고 큰 호흡곡선으로 표기된다.

																춤사위
1	2	3	4	1	2	3	4	1	2	3	4	1	2	3	4	장단
																호흡표기
																호흡곡선
				●	●	●	●									호흡세기
																호흡구조

　　총 6장단9호흡 동안의 발구르기의 다지기 필체춤사위는 발뒤꿈치로 바닥을 굴러 힘을 끌어올리는 동작이다. 무보의 춤사위와 호흡표기를 비교해 보면 무게중심을 복부에 두는 작은호흡으로 제자리에서 발을 구르고 바닥을 다지면서 양팔을 옆으로 들면서 앞으로 나온다. 앞으로 나올수록 호흡의 기운이 점점 확장되면서 발이 뛰고 몸이 위로 치솟아 오르며 절정에 달한다. 이 동작은 수직 개념의 동작으로 내 몸이 하늘 위로 치솟는 하늘 지향적인 춤사위이다. 점점 상승되는 무보의 춤사위와 점점 커지는 검정색 들숨부호의 호흡 기운이 일치하고 있음을 볼 수 있다. 호흡의 세기 또한 약한호흡에서 중간호흡과 강한호흡으로 점점 상승되고 있다.

필체 ④, 발구르기_뛰어오르기 에스자 옆(4장단8호흡)

춤사위																	
장단	1		2		3		4		1		2		3		4		1
호흡표기																	
호흡곡선																	
호흡세기	●	⊙			●	⊙			●	⊙			●	⊙			
호흡구조	큰들숨	날숨들숨	큰날숨		큰들숨	날숨들숨	큰 날숨		큰들숨	날숨들숨	큰 날숨		큰들숨	날숨들숨	큰날숨		

　발구르기의 뛰어오르기 필체호흡 구조는 강한악센트(●)의 큰들숨(1박)-큰날숨(0.6박) 한 호흡, 약한악센트(⊙)의 큰들숨(0.4박)-큰날숨(2박) 한 호흡을 네 번 반복하는 4장단8호흡이다. 들숨부호를 보면 강한악센트의 큰호흡으로 힘을 쌓아가는 표기이다. 검정색의 들숨부호와 흰색의 날숨부호가 모두 사다리꼴 모양으로 폐에 공기를 가득 채운 상태에서 숨을 조금씩 내쉬는 호흡이 반복된다. 이와 같은 호흡의 곡선은 상단 가까이에 그려진다. 이는 무게중심이 위(복부에서 가슴 쪽으로)에 있다는 의미이다. 들숨이 상승하여 상단에 점을 찍고 날숨이 조금 내려갔다가 다시 들숨이 상단으로 올라가 점을 찍고 내려가는 곡선으로 상단 가까이에서 규칙적인 곡선이 그려진다.

　　다지기에서 뛰어오르기로 이어지는 필체춤사위는 '세발걸음(1박3소박)'으로 뛰면서 바닥에 에스자의 동선을 그린다. 이때 호흡의 세기가 강-약-중-강으로 변화해 간다.

필체 ⑤, 발구르기_맴돌기 원(4장단4.5호흡)

춤사위 (사진)																춤사위
1	2	3	4	1	2	3	4	1	2	3	4	1	2	3	4	장단
⏀	⏀	I O I	⏀	⏀	⏀	I O I	⏀	⏀	⏀	I O I	⏀	⏀	⏀	I O I	⏀	
																호흡 표기
																호흡 곡선
	◉		◉		◉		◉								●	호흡 세기
중간 날숨	중간 들숨	중간 날숨	중간 들숨	중간 날숨	중간 들숨	중간 날숨	중간 들숨	중간 들숨멈춤							큰 들숨	호흡 구조

발구르기의 맴돌기 필체호흡은 중간날숨(1박)–중간악센트(◉)의 중간들숨(1박)의 한 호흡 네 번, 중간들숨멈춤(7박)–강한악센트(●)의 큰들숨(1박)의 4장단4.5호흡 구조이다. 호흡부호를 보면 검정색의 들숨부호와 흰색의 날숨부호가 모두 사다리꼴 모양으로 복부에 호흡을 넣은 상태에서 가슴에 머금고 이어가는 호흡이다. 가슴에 머금은 호흡이 멈춤으로 길게 지속되다가 강해지면서 큰들숨으로 확장된다. 중간크기의 사다리꼴로 이어지는 호흡곡선은 하단과 상단 사이에서 작은 곡선이 규칙적으로 반복 표기되고, 멈춤으로 지속되다가 급상승하여 상단까지 올라간다.

뛰어오르기에서 맴돌기로 이어지는 필체춤사위는 가볍게 바닥을 다지며 달팽이 모양으로 맴돌아 원으로 휘몰아가는 동작이다(16박 동안). 1박3소박으로 움직이는 세발걸음의 사이박 리듬을 이해하고 동작의 리듬을 살릴 수 있도록 훈련한다.

학체 ①. 상체튕기기_대각선 앞(4장단4호흡)

춤사위																
장단	1	2	3	4	1	2	3	4	1	2	3	4	1	2	3	4
	①		①	①	I ○ I	①		①	I ○ I	①		①	①	I ○ I	①		①	I ○ I
호흡 표기																
호흡 곡선																
호흡 세기	⊙	⊙	◉	◉	●		⊙ ●		⊙	⊙	◉	◉	●		⊙ ●	
호흡 구조	서서히 커지는 큰 들숨				큰 날숨	큰 들숨	큰 날숨		서서히 커지는 큰 들숨				큰 날숨	큰 들숨	큰 날숨

　　상체튕기기의 학체호흡은 손목을 돌리고 몸통을 튕기면서 호흡의 기운을 상승시키는 곡선호흡이다.

　　상체튕기기(대각선 앞)의 학체호흡 구조는 약한악센트(⊙)에서 중간악센트(◉)와 강한악센트(●)로 서서히 커지는 큰들숨(5박)−큰날숨(1박), 약한악센트와 강한악센트의 겹호흡(⊙●)으로 이어지는 큰들숨(1박)−큰날숨(1박)을 두 번 반복하는 4장단4호흡이다. 호흡부호를 보면 검정색의 들숨부호는 삼각형과 사다리꼴로 차츰 커지는 큰호흡이고, 흰색의 날숨부호 또한 삼각형과 사다리꼴로 모두 짧다. 호흡곡선은 하단과 상단 사이를 넘나드는 높낮이(크기)의 차이가 있으며, 길고 짧은(길이) 변화를 보이는 리듬곡선으로 표기된다.

　　상체튕기기(대각선 앞)의 학체춤사위는 오른쪽 앞으로 밀고 나가면서 손목을 돌리고 몸통을 튕기며 뛰어오른다. 호흡이 점점 강해지면서 다리를 힘차게 굴러주되 상체의 힘을 빼도록 하여 척추가 유연하게 움직여지도록 한다.

학체 ②. 상체튕기기_뒷걸음(4장단5호흡)

																항목
춤사위																춤사위
1	2	3	4	1	2	3	4	1	2	3	4	1	2	3	4	장단
																호흡표기
																호흡곡선
	●		●		●		●	⊙	⊙	⊙	⊙	◉	◉	●		호흡세기
큰날숨	큰날숨	큰들숨	큰날숨	큰들숨	큰날숨	큰들숨	큰날숨	서서히 커지는 큰 들숨							큰날숨	호흡구조

상체튕기기(뒷걸음)의 학체호흡구조는 강한악센트(●)의 큰들숨(1박)-큰날숨(1박)의 한 호흡을 네 번 반복하고, 서서히 커지는 큰들숨(⊙◉● 7박)-큰날숨(1박)을 한 호흡으로 하는 4장단5호흡이다. 호흡부호를 보면 강하고 빠른 호흡으로 시작되는 검정색삼각형의 들숨부호와 흰색삼각형의 날숨부호가 규칙적으로 이어지다가 약한악센트의 검정색 들숨부호가 중간악센트와 강한악센트로 차츰 커지는 큰호흡에서 짧은 날숨부호로 마무리된다. 큰호흡으로 이어지는 호흡곡선은 하단선상에서 상단까지를 넘나드는 짧은 곡선과 하단선상에서 차츰 상승하면서 상단까지 이르러 급하강하는 긴 곡선을 그린다.

상체튕기기(뒷걸음)의 학체춤사위는 강한들숨으로 양손을 아래에서 크로스하여 위로 들었다가 양팔을 빠르게 내리는 동작이다. 이때 무릎을 굽혀줌과 동시에 반동의 힘으로 몸을 들어올리고, 상체(척추)를 탄력 있게 튕겨준다. 무보의 춤사위가 역동적이며 호흡 또한 리드미컬하다.

궁체 ①, 뛰어오르기_자유즉흥(총 32장단)

춤사위																	
장단	1	2	3	4	1	2	3	4	1	2	3	4	1	2	3	
	①	①	①	Ⅰ ○ Ⅰ	①	①	①	Ⅰ ○ Ⅰ	①	①	①	Ⅰ ○ Ⅰ	①	①	①	Ⅰ ○ Ⅰ
호흡 표기																
호흡 곡선																
호흡 세기																
호흡 구조																

뛰어오르기의 궁체호흡은 절정에 달하는 자유즉흥의 원형호흡이다. 춤추는 사람에 따라 호흡길이(길거나 짧게), 호흡크기(크거나 작게), 호흡세기(강하거나 약하게)를 운영하는 방법이 다양하게 이루어진다. 즉 춤추는 사람 자신의 리듬호흡을 만들어가게 되므로 자신의 호흡을 확인해보게 된다.

따라서 여기서는 춤사위와 호흡을 표기하지 않고 빈 공간으로 남겨둔다. 기본적인 틀 안에서 자유로운 '즉흥'이 허용되는 한국춤 특성을 이해한다. 각자의 춤사위에 따라 부호를 사용하여 호흡을 표기해보고 호흡곡선도 그려보면서 자신의 호흡을 분석해본다.

1	2	3	4	1	2	3	4	1	2	3	4	1	2	3	4	
																춤사위
①	①	① ｜ ○ ｜	①	①	① ｜ ○ ｜	①	①	① ｜ ○ ｜	①	①	① ｜ ○ ｜					장단
																호흡 표기
																호흡 곡선
																호흡 세기
																호흡 구조

뛰어오르기의 궁체춤사위는 자유즉흥 동작으로 춤추는 사람에 따라 다양하게 표출된다. 차츰 쌓아온 에너지를 발산하며 최고의 절정에 다다르는 클라이맥스 상태로 각자의 개성이 드러날 수 있도록 시간, 공간, 힘을 조절하여 동작을 자유자재로 이어가도록 자신의 리듬호흡을 시도해본다.

12단계 다시 숨고르기

'다시 숨고르기'는 단계적으로 쌓아온 에너지를 절제로 가다듬어 가면서 몸풀이를 마무리하는 호흡기법이다. 마무리는 또 다른 시작의 의미이다. 호흡의 기운에 의해 움직임이 생성되고 변화되는 태극구조기본춤의 '춤사위 · 춤기법 · 동작선 · 호흡의 원리와 구조'를 이해한다.

[다시 숨고르기] 필체 ①, 점에서 점으로_앞(4장단1호흡)

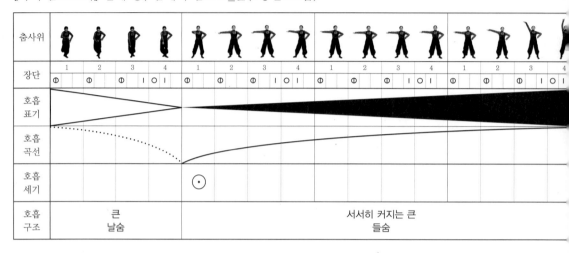

춤사위																	
장단	1	2	3	4	1	2	3	4	1	2	3	4	1	2	3	4
	⊙	①	①	｜ ○ ｜	①	①	①	｜ ○ ｜	①	①	①	｜ ○ ｜	①	①	①	｜ ○ ｜
호흡 표기																	
호흡 곡선																	
호흡 세기				⊙												
호흡 구조	큰 날숨				서서히 커지는 큰 들숨											

'다시 숨고르기'는 1단계부터 쌓아온 에너지를 마무리하는 호흡기법이다.

다시 숨고르기의 필체호흡은 다음 단계를 춤추기 위한 몸 상태를 만드는 마지막 숨고르기로 절정에 오른 호흡의 기운을 점차 줄여가는 직선호흡이다.

사방으로 돌아가며 춤추는 다시 숨고르기(앞)의 필체호흡 구조는 큰날숨(4박)−약한악센트(⊙)로 서서히 커지는 큰들숨(12박)의 4장단1호흡이다. 호흡부호를 보면 큰들숨상태에서 흰색삼각형의 날숨부호로 시작하여 검정색삼각형의 들숨부호가 차츰 커지는 큰호흡으로 표기된다.

다시 숨고르기(앞)의 필체춤사위는 오른발부터 네 걸음 뒤로 물러나 다리를 어깨넓이로 벌리고 하체로 중심을 잡는다. 무보의 춤사위를 보면 발뒤꿈치에 무게를 두고 상체를 좌우세로 미세하게 흔들면서 호흡의 기운을 점차 줄여간다. 이때 끌어올리는 들숨의 흐름을 따라 몸을 펴면서 오른팔을 옆으로 들어올린다.

필체 ②, 점에서 점으로_왼쪽 옆(4장단1호흡)

						춤사위
1	2	3	4	1	2	3	4	1	2	3	4	1	2	3	4	장단
																호흡 표기
																호흡 곡선
																호흡 세기
큰 날숨				서서히 커지는 큰 들숨												호흡 구조

다시 숨고르기(왼쪽 옆)의 필체호흡은 사방으로 돌아가는 호흡이 모두 같다. 차츰 작아지는 흰색삼각형의 날숨부호와 서서히 커지는 검정색삼각형의 들숨부호로 표기되는 호흡곡선은 날숨인 점선이 상단에서 점으로 시작하여 하단으로 내려와 점을 찍고, 들숨인 실선이 상단으로 서서히 올라가 점을 찍는 것으로 표기된다. 이는 점에서 점으로 이어지는 수많은 점이 곡선을 그려낸 것으로 숨을 한 번 내쉬고 들이쉬는 호흡에 의해 이루어지는 표기이다.

방향을 옆으로 바꾼 상태의 다시 숨고르기 필체춤사위는 앞과 동일한 방법으로 춤춘다. 이때 숨을 내쉬면서 왼발부터 네 걸음 뒤로 물러가(4박 동안) 숨을 들이쉬면서 왼팔을 머리 위로 높이 들어올린다(12박 동안). 처음 정면(↓ 오른발 오른손)에서 시작한 다음 왼쪽 옆(→왼발 왼손)으로 동작한다. 그다음 뒤(↑ 오른발 오른손)-왼쪽 옆(←왼발 왼손)-다시 정면(↓ 오른발 오른손)으로 돌아가며 사방에 점을 찍는다.

필체 ③, 점에서 점으로_뒤(4장단1호흡)

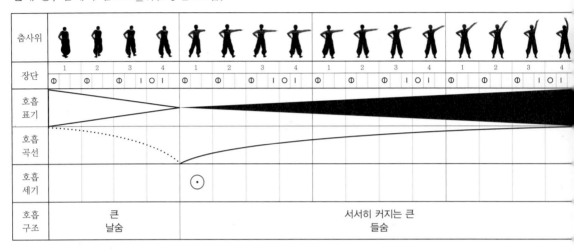

춤사위																		
장단	1	2	3	4	1	2	3	4	1	2	3	4	1	2	3	4		
	①	①	①	① ⌐○⌐	①	①	①	① ⌐○⌐	①	①	①	① ⌐○⌐	①	①	①	① ⌐○⌐		
호흡표기																		
호흡곡선																		
호흡세기				⊙														
호흡구조	큰 날숨				서서히 커지는 큰 들숨													

　　다시 숨고르기의 필체춤사위 뒷모습은 왼발 왼손으로 움직인다. 폐에 공기가 가득 들어찬 상태에서 숨을 내쉬는 동작으로 시작하여 약한악센트(⊙)로 길게 숨을 들이쉬고 내쉬면서 동작한다. 무보의 춤사위와 호흡표기를 비교해 보면 숨을 내쉬면서 뒤로 물러나 팔을 위로 들 때, 무게중심을 발 앞에서 발뒤꿈치 쪽으로 옮기면서 상체가 위로 솟구쳐 올라간다. 검정색 들숨부호의 호흡 또한 움직임과 동일하게 상승되고 있음을 볼 수 있다.

필체 ④, 점에서 점으로_오른쪽 옆(4장단1호흡)

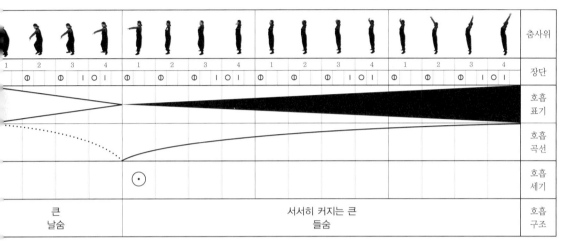

춤사위																
장단	1	2	3	4	1	2	3	4	1	2	3	4	1	2	3	4
호흡 표기																
호흡 곡선																
호흡 세기				⊙												
호흡 구조	큰 날숨				서서히 커지는 큰 들숨											

다시 숨고르기의 오른쪽 옆모습은 정면에서 왼쪽 옆, 뒤, 오른쪽 옆의 사방을 돌아 절정에 오른 호흡을 추스려간다.

학체 ①, 선에서 선으로_앞(총 8장단1호흡)

춤사위																		
장단	1	2	3	4	1	2	3	4	1	2	3	4	1	2	3	4		
호흡표기																		
호흡곡선																		
호흡세기				⊙														
호흡구조	큰 날숨				서서히 커지는 큰 들숨													

　　다시 숨고르기의 학체호흡은 척추의 움직임이 점차 잦아들도록 호흡의 흐름을 유도하는 곡선호흡이다. 필체호흡의 사방돌기를 마친 후 학체호흡으로 넘어가면서 곡선으로 움직이는 척추의 움직임 호흡을 다스린다.

　　다시 숨고르기의 학체호흡 구조는 큰날숨(4박)-서서히 커지면서 길어지는 큰들숨(총 28박)의 총 8장단1호흡으로 들숨이 매우 길다. 정면을 보고 숨을 서서히 끌어올리되 복부에서 가슴으로 차츰 올라간다. 호흡표기를 보면 차츰 작아지는(4박 동안) 흰색삼각형의 날숨부호로 시작하여 서서히 커지면서 길어지는(28박 동안) 검정색삼각형의 들숨부호로 표기된다. 따라서 호흡곡선은 점선의 날숨곡선이 상단에서 하단으로 내려가 점을 찍고, 실선의 들숨곡선이 하단에서 상단으로 서서히 올라가 점을 찍는 길고 큰 호흡곡선으로 표기된다. 32박 동안 날숨과 들숨이 한 호흡으로 이루어진다.

																춤사위
1	2	3		4	1	2	3		4	1	2	3		4	1	2	3		4	장단
																호흡 표기
																호흡 곡선
																호흡 세기
																호흡 구조

다시 숨고르기의 학체춤사위는 총 8장단 동안 한 호흡으로 끌고 가는 긴 호흡의 동작이다. 무보의 춤사위와 호흡표기를 보면 숨을 내쉬면서 뒤로 물러나 서서히 숨을 끌어올리면서 양팔을 들어준다. 복부에 호흡을 넣고 서서히 숨을 들이쉬면서 몸을 최대한 들어올리되 허리를 펴고 가슴을 활짝 열어 몸을 길게 펴준다. 양팔은 위로 높이 들어올린다. 이때 몸의 무게는 복부에서 흉부로 차츰 올라간다. 다리는 안쪽 근육에 힘을 모으고 아래로 눌러주는 힘을 느끼는 동시에, 상체는 위로 뻗어 오르는 힘을 느낄 수 있어야 한다.

학체 ②, 선에서 선으로_내려앉기(총 8장단0.5호흡)

춤사위																
장단	1	2	3	4	1	2	3	4	1	2	3	4	1	2	3	4
호흡표기																
호흡곡선																
호흡세기																
호흡구조						서서히 작아지는 큰 날숨										

다시 숨고르기(내려앉기)의 학체호흡은 긴날숨으로 이어진다. 폐에 공기를 가득 채운 상태에서 총 8장단32박 동안 조금씩 조금씩 호흡을 줄여가는 긴날숨이다. 호흡표기를 보면 흰색삼각형의 날숨부호가 서서히 작아지면서 폐에 가득 차 있던 공기를 차츰 비우는 상태이다. 따라서 호흡곡선은 점선으로 이어지는 날숨이 상단에서 점으로 시작하여 하단으로 서서히 내려가면서 수많은 점을 남겨 긴 선으로 이어져 하단까지 내려가 점을 찍는다. 이 경우는 들숨과 날숨의 한 호흡이 이루어진 상태가 아니라 8장단 동안 날숨만 이루어지는 상태로 호흡곡선의 시작점과 끝점이 동일한 위치에 표기되지 않는다. 따라서 상단선상에 날숨의 시작점이 찍혀 있고 날숨의 끝점이 하단선상에 그려지게 된다.

																춤사위
1	2	3	4	1	2	3	4	1	2	3	4	1	2	3	4	장단
																호흡표기
																호흡곡선
																호흡세기
																호흡구조

총 8장단0.5호흡(날숨)의 다시 숨고르기(내려앉기) 학체춤사위는 긴날숨의 동작이다. 무보의 춤사위와 호흡을 비교해 보면 숨을 크게 들이쉰 상태에서 다리에 힘을 모으고 벌리고 중심을 잡는다. 양팔을 머리 위로 든 자세에서 숨을 내쉬면서 좌우세의 미세한 움직임으로 몸을 낮춘다(16박 동안). 흰색삼각형의 날숨부호 또한 호흡의 폭이 점점 좁아지면서 하나의 점으로 만나게 되고, 호흡곡선 또한 상단에서 서서히 내려가 하단선상에 점을 찍고 있음을 볼 수 있어, 춤사위와 흐름을 같이 하고 있음을 알 수 있다. 폐에 가득 찬 공기를 서서히 내뱉는 호흡의 흐름을 따라 몸이 천천히 내려간다. 몸을 낮출 때 몸의 무게를 발뒤꿈치에 두고 복부와 대퇴부의 힘으로 위에서부터 차례차례 내려가 바닥에 조용히 내려앉는다. 몸이 한쪽으로 치우치지 않도록 무게중심을 가운데 두고 양팔과 가슴을 펴 하늘의 기운을 받아들이는 느낌으로 동작한다. 내려앉은 다음 상체를 비스듬히 뒤로 넘기되 허리가 휘지 않도록 복부와 대퇴부의 힘을 사용한다.

궁체 ①. 원에서 다시 점으로_내려앉기(총 8장단1호흡)

	1		2		3		4		1		2		3		4		1		2		3		4		1		2		3		4
춤사위																															
장단	⊕		⊕		⊕		I O I		⊕		⊕		⊕		I O I		⊕		⊕		⊕		I O I		⊕		⊕		⊕		I O I
호흡표기	◀																														
호흡곡선																															
호흡세기	⊙																														
호흡구조	큰 들숨											큰 들숨멈춤																			

다시 숨고르기의 내려앉기 궁체호흡은 숨이 잦아들도록 유도하는 원형호흡이다. 점에서 선으로 이어져 원으로 완성을 이루는 호흡이다. 호흡을 절제하면서 숨이 차분해질 때까지 기다린다.

내려앉기 궁체호흡은 약한악센트(⊙)의 큰들숨(1박)-큰들숨멈춤(15박)-서서히 작아지는 큰날숨(16박)의 총 8장단1호흡 구조로 멈춤과 날숨이 길다. 호흡표기를 보면, 강하게 응축된 검정색삼각형의 들숨부호가(1박 동안) 긴멈춤으로 큰들숨을 지속하다가(15박 동안), 흰색삼각형의 긴날숨부호가 서서히 작아지면서 하나의 점으로 모아진다(16박 동안). 따라서 호흡곡선은 들숨이 하단에서 상단까지 급상승하여 점을 찍고(1박 동안), 긴멈춤이 지속되는 동안 수많은 점으로 이어지고(15박 동안), 날숨이 하단까지 서서히 내려가 점을 찍는다(16박 동안). 들숨-멈춤-날숨의 한 호흡이 하나의 긴 곡선으로 표기된다.

1	2	3	4	1	2	3	4	1	2	3	4	1	2	3	4	장단
①	① ㅣ ㅇ ㅣ	①	① ㅣ ㅇ ㅣ	①	① ㅣ ㅇ ㅣ	①	① ㅣ ㅇ ㅣ	①	① ㅣ ㅇ ㅣ							호흡 표기

				호흡 곡선

	호흡 세기

서서히 작아지는 큰 날숨	호흡 구조

다시 숨고르기의 내려앉기 궁체춤사위는 처음으로 되돌아가기 위해 호흡을 가다듬어가면서 움직임을 절제하는 차분한 동작이다. 무보의 춤사위와 호흡의 흐름을 비교해 보면 악센트 없이 차츰 잦아드는 호흡, 즉 검정색삼각형의 짧은들숨에서 멈춤으로 이어가다가 흰색삼각형의 긴날숨으로 작아지는 호흡의 흐름을 따라 동작이 자연스럽게 작아진다. 양손은 머리 위로 높이 들고 무릎을 바닥에 대고 앉은 자세(무게중심을 약간 뒤로)에서, 손끝을 위로 부드럽게 펴주었다가 양팔을 끈기 있게 내리면서 서서히 바닥에 내려앉는다(8박 동안). 양반다리로 바닥에 앉아 양손을 자연스럽게 내려놓는다(8박 동안). 무보의 처음 시작에서 강하게 응축시킨 큰들숨은 태극구조기본춤의 마지막 큰들숨이다. 이 큰들숨을 그대로 멈춤으로 이어가다가 차츰차츰 작아져서 흰색의 날숨부호가 하나의 점으로 모아지는 호흡의 흐름을 볼 수 있다.

궁체 ②, 원에서 다시 점으로_바닥에 앉기(총 8장단4호흡)

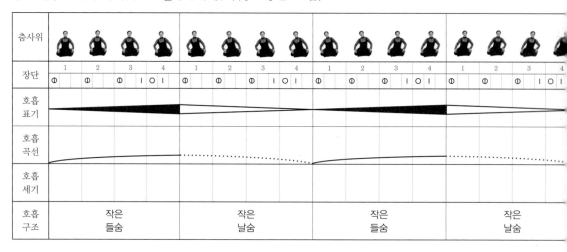

춤사위																
장단	1	2	3	4	1	2	3	4	1	2	3	4	1	2	3	4
호흡표기																
호흡곡선																
호흡세기																
호흡구조	작은 들숨				작은 날숨				작은 들숨				작은 날숨			

마지막을 향해가는 숨고르기의 궁체호흡은 작은들숨(4박)-작은날숨(4박)-작은들숨(4박)-작은날숨(4박)의 구조로 숨이 가라앉을 때까지 들숨과 날숨이 흘러가는 대로 따라간다. 호흡부호를 보면 검정색삼각형의 들숨부호와 흰색삼각형의 날숨부호의 호흡 폭이 점점 좁아진다. 따라서 호흡곡선은 들숨의 실선과 날숨의 점선이 하단 가까이에 낮게 표기된다.

																춤사위
1	2	3	4	1	2	3	4	1	2	3	4	1	2	3	4	장단
①	①	I O I		①	①	①	I O I	①	①	①	I O I	①	①	①	I O I	
																호흡 표기
																호흡 곡선
																호흡 세기
작은 들숨				작은 날숨				작은 들숨				작은 날숨				호흡 구조

다시 숨고르기의 궁체춤사위는 호흡이 자연스러워질 때까지 편안한 마음으로 기다린다. 가부좌로 앉은 자세의 좌우 흔들림이 없어질 때까지 호흡을 조절한다.

궁체 ③, 원에서 다시 점으로_처음자리

춤사위																
장단	1	2	3	4	1	2	3	4	1	2	3	4	1	2	3	4
	⊕	⊕	⊕ ㅣㅇㅣ		⊕	⊕	⊕ ㅣㅇㅣ		⊕	⊕	⊕ ㅣㅇㅣ		⊕	⊕	⊕ ㅣㅇㅣ	
호흡표기																
호흡곡선																
호흡세기																
호흡구조	작은 들숨		작은 날숨		작은 들숨		작은 날숨		작은 들숨		작은 날숨		작은 들숨		작은 날숨	

1단계 숨고르기에서 12단계 다시 숨고르기까지를 모두 마치게 되는 순간으로 춤출 수 있는 몸을 만든 상태이다. 들이쉬고 내쉬고 멈추는 호흡에 의해 몸의 근육과 뼈 마디마디가 모두 유연해진 상태이고, 마음 또한 편안해진 상태이다. 무보의 춤사위는 거의 움직임이 없는 상태이다. 검정색과 흰색으로 표기되는 호흡부호와 호흡곡선 또한 점점 더 짧아지고 작아진다. 마침내 호흡은 본연의 리듬으로 자연스럽게 흘러가고, 움직임도 의도되지 않는다. 1단계에서 처음 '점'으로 시작되었던 움직임이 12단계의 마지막에서 '다시 점'으로 이어지면서 춤추기 위한 몸을 만든 상태이다. 처음의 시작점이 의도되어진 움직임의 점이라면, 마지막 끝점은 의도되지 않은 자연스러운 호흡의 점인 것이다. 마지막 숨고르기를 통해 태극구조로 형성되는 '춤사위·춤기법·동작선·호흡의 유기적인 관계'를 이해하고 정리하도록 한다.

																춤사위
1	2	3	4	1	2	3	4	1	2	3	4	1	2	3	4	장단
	①	①	ㅣㅇㅣ	①	①	①	ㅣㅇㅣ	①	①	①	ㅣㅇㅣ	①	①	①	ㅣㅇㅣ	
																호흡 표기
																호흡 곡선
																호흡 세기
작은 들숨	작은 날숨	작은 들숨	작은 날숨	작은 들숨	작은 날숨	작은 들숨	작은 날숨	작은 들숨	작은 날숨	작은 들숨	작은 날숨	작은 들숨	작은 날숨	작은 들숨	작은 날숨	호흡 구조

지금까지 1단계 '숨고르기'에서 12단계 '다시 숨고르기'에 이르기까지의 과정을 통해 호흡에 의해 창출되는 '움직임 호흡원리'의 이해를 돕고자 했다. 춤에 필요한 호흡은 무용수 스스로가 만들어내는 리듬호흡으로서 호흡의 시간(길이), 공간(크기), 힘(강약)에 대한 이해가 중요하다. 이러한 문제들을 해결하기 위해 고안한 것이 바로 본서에서 분석방법으로 활용한 '호흡표기법'이다. 단 하나의 움직임 호흡원리인 리듬호흡은 춤동작에 생명력을 불어넣어주는 가장 중요한 요소로서 무용수가 필수적으로 체득해야 하는 호흡이다. 호흡표기법으로 배우는 태극구조기본춤을 통해 자신의 호흡으로 개성을 찾아가는 데 도움이 되기를 기대한다.

꿈을 키워온 임학선 춤일생 60년

세월의 보람

임학선춤 60년 세월의 보람이라면 무용교본의 출판을 빼놓을 수 없을 것 같다. 『호흡표기법으로 배우는 태극구조기본춤』은 인문학적 측면에서 춤을 분석하고, 춤사위를 과학적으로 분석할 수 있는 방법을 고안하여 교본을 구성하였다. 이에 본서는 무용교육의 인문학적·과학적 체계를 갖추게 되었다는 점에서 의미를 찾아본다.

'임학선호흡표기법'은 호흡을 움직임(예술)의 3요소인 시간·공간·힘으로 표기하는 과학적 방법이다. 이에 기반하여 1998년 태극구조기본춤을 창안하고도 25년의 세월이 흘러서야 교본을 내게 되었다. 춤동작 분석을 통해 움직임 특성을 추출하는 춤 해부과정은 필자의 평생 연구과정으로 긴 시간 연구와 검증과 실험을 모두 거치며 심혈을 기울였다. 무보에 제시된 춤사위도 직접 시연(2022.10.21)하였다.

인문학적, 과학적 체계의 창의적인 교육방법 정착을 위해 도움이 될 수 있기를 기대하면서 본서를 발간한다.

그동안 원고 교정을 꼼꼼히 봐준 김영은, 이정민과 마지막 교정에 동참해준 유혜진, 그리고 편집 디자인을 맡아준 이승은에게 고마움을 전한다.

2023년 11월
두리춤터에서 임학선

각주

1. 임학선(2011), 『문묘일무의 예악사상』, 성균관대학교 출판부, 22쪽.

2. 『詩序』 「毛詩序」편, "詩者, 志之所之也. 在心爲志, 發言爲詩. 情動於中而形於言, 言之不足故嗟嘆之. 嗟嘆之不足故永歌之, 永歌之不足, 不知手之舞之足之蹈之也."

3. 임학선(2011), 『문묘일무의 예악사상』, 성균관대학교 출판부, 41쪽 참조.

4. 『禮記』 「樂記」편, "凡音之起 由人心生也 人心之動 物使之然也 感於物而動 故形於聲聲相應 故生變 變成方 謂之音比音而樂之 及干戚羽旄 謂之樂."

5. 고대일무의 상징도구인 꿩깃은 문무에서, 방패·도끼·깃대는 무무에서 각각 사용한다.

6. 『頖宮禮樂全書』(1656), 卷16, 559쪽 : 夫舞非徒象德也. 又有教焉.

7. 임학선(2019), 『문묘일무의 역사적 원형과 왜곡』 제1장 문묘일무의 시원 참조. 이상일(2021), 「세계무용역사 첫 장에 대한 연구와 문묘일무(佾舞) 왜곡 논쟁」, 성균관대학교 유가예술문화콘텐츠연구소 제1차무용연구 학술세미나 자료집 2021. 4. 17.

8. 성균관 대성전에는 공자를 비롯한 오성, 공문 10철, 송조 6현, 우리나라의 18현 등 훌륭한 스승 39분의 위패를 모시고 있다. 매년 봄과 가을 스승을 기리는 석전대제(釋奠大祭, 국가무형문화재 제85호)에서 문묘일무를 춘다.

9. 『南雍志』(1544) 서문에 의하면 '수수지례(授受之禮)'는 군신지간인 요순(堯舜)이 주고받았던 마음으로 사제지간인 공자와 안자가 나눈 마음과 같은 것임을 전한다. 결국 이는 군신과 사제 간뿐만 아니라 부모, 형제, 부부, 친구, 이웃 간에 나누는 마음인 것이

다. 『문묘일무의 이해』, 성균관대학교 출판부, 32쪽.

10. 임학선(2006), 『문묘일무의 이해』, 성균관대학교 출판부, 33쪽.

11. 임학선(2011), 『문묘일무의 예악사상』, 성균관대학교 출판부, 131~135쪽 참조.

12. 임태승은 시대적 흐름에 따른 예악을 '원시예악-전장예악-유가예악'으로 설명하고 있음. 『유가사유의 기원』(2004), 학고방, 7장 2절 참조.

13. 『論語』 「泰伯」편, "興於詩, 立於禮, 成於樂"

14. 조선연구회, 『朝鮮美人寶鑑』(1918) 참조.

15. 한성준(1874~1941)은 충남 홍성 출생. 외조부 백운채에게 춤과 장단을 익히고 서학조에게 재주를 배웠다. 청소년기에 굿판과 놀이판을 따라다녔고, 이후 전국의 민속현장에서 한국춤과 음악을 섭렵하기에 이르러 한국춤을 레퍼토리화한다. 1935년 제1회 무용발표회(부민관)를 개최하였다.

16. 신무용은 '새로운 무용'을 뜻한다. '노이에 탄츠'는 독일 현대무용가 마리 비그만이 즐겨 쓴 독일어 용어로 신무용이라는 뜻이며, 원독일어 표기는 '새로운 예술무용(Neue Kunstlerische Tznz)'이다. 김태원(2018), 『춤전문어의 개념과 비평노트』 현대미학사, 현대예술선 34, 266쪽 참조.

17. 박성희(2013), 『운명의 선택3』 「최승희」, 평양출판사 참조.

18. 김해금(2013), 「조선민족무용기본과 태극구조기본춤의 성격과 훈련체계 연구」, 성균관대학교 박사학위논문, 44~57쪽 참조.

19. 필자는 이화여자대학교 한국무용전공 졸업생들로 구성된 동인그룹 '창작무용연구회(창무회)' 창단 이후, 초대 대표(1976~1984)로 활동하며 한국창작춤을 이끌었다.

20. 임학선(1975), 「진오귀굿의 무당춤에 대한 고찰」, 이화여자대

학교 석사학위논문. 무속춤 연구의 최초 논문이다.

21. 필자는 「명무 한성준의 춤 구조 연구」(1998)에서 한국춤의 원리와 구조를 분석, 태극구조로 형성되는 '한국춤 기본틀'을 처음 제시하였다.

22. 임학선(1998), 「춤표기법에 관한 연구 1_호흡표기법을 중심으로」, 대한무용학회 제23호, 288~317쪽.

23. 문묘일무는 춘추시대(春秋時代) 언행으로 여겨지는 『논어(論語)』 「팔일(八佾)」편에 팔일(八佾)의 무(舞)가 처음 나온다. 하지만 「팔일」편에서는 말 그대로 글자만 나오고 무(舞)에 대한 어떠한 묘사나 설명도 없다. 일무에 대한 구체적인 내용은 나중에 전국시대(戰國時代)의 『예기(禮記)』나 『좌전(左傳)』에 묘사되어 있다. 이렇듯 문묘일무 역사가 매우 오래되었지만 이 춤에 대한 내용은 알려진 것이 거의 없었다. 일무(佾舞)의 일(佾)이라는 글자는 '춤의 줄'을 뜻하는 것으로 무원들이 줄을 지어서 춤추는 것이 특징이다.

24. 임학선(1997), 「한국민속춤의 구조에 관한 연구」, 한국무용연구 제15집 별쇄본 10쪽. 춤에서 말하는 호흡개념은 인체생리학적 개념이 아니라 리듬개념을 말한다.

25. 임학선(1998), 「한국춤 동작의 기본구조와 원리-한성준류 춤에 근거한 태극구조의 기본춤 고안」, 한국무용연구 제16집 별쇄본 8쪽.

26. 톰 보레이크, "한국무용가들이 구현한 순수예술", 홍콩 스탠다드 1990. 10. 31. 홍콩아시아예술제.

27. 김해금(2013), 「조선민족무용기본과 태극구조기본춤의 성격과 훈련체계 연구」, 성균관대학교 박사학위논문. 4쪽 참조.

28. 임학선(1999), "나의 안무론_굿에서 태극에 이르기까지", 『여유와 극복의 춤 새김질』, 현대미학사, 11~18쪽 참조.

29. 임학선(1998), 「명무 한성준의 춤 구조연구」, 한양대 박사학위논문 참조.

30. 작품 〈인다리〉는 임학선의 대표작으로 전통 재해석의 기념비적인 작품으로 손꼽힌다. 『여유와 극복의 춤 새김질』, 현대미학사, 47~49쪽 참조. 박용구(1985), 제7회 대한민국무용제 〈인다리〉 리뷰 참조. 『춤』 1985. 11.

31. 필자가 확인한 최고형의 무보는 중국 명대의 『궐리지(闕里志)』(1504)의 무보이고, 한국의 것은 조선시대 『춘관통고』(1788)의 무보가 유일하다. 임학선(2005), 『문묘일무보 도해』, 성균관대학교 출판부.

32. 무용평론가 김태원은 "임학선의 춤창작과 커리어만큼 흥미로운 것은 그녀의 학문적 연구이다. 그러한 학문적 여정은 1970년대 현장 학습을 곁들인 우리 무속에 관한 연구에서 1990년대 아카데믹한 관점에서 한 무용가(한성준)의 춤을 분석하면서 우리춤의 원리를 재발견해내고, 이어 극소수만 습득 · 전수해온 유교의식무인 일무를 아카데믹한 관점의 대상으로 떠올리면서, 동시에 우리춤 문화의 가장 폐쇄적인 영역에 학문적 조명을 가했다."라고 하였다. 『임학선 작가론』(2017), 66~67쪽.

33. 무용평론가 이상일은 "일무 연구가 세계무용 연구의 첫출발이며 그 역사적 원형탐구는 바로 세계무용의 첫 출발이 어디에 있는가를 묻는 '춤의 뿌리'에 대한 근원적 물음이다."라고 하였다. 「세계무용역사 첫 장에 대한 연구와 문묘일무 왜곡 논쟁」(2021), 성균관대 유가예술문화콘텐츠연구소 '제1차 무용학연구세미나(2021. 4. 17)' 자료집.

34. 무용평론가 이상일(1999), "무용기본법의 당위성과 임학선 춤의 태극구조", 『여유와 극복의 춤새김질』, 현대미학사, 106~109쪽.

35. "임학선은 의식의 투명성과 춤동작의 언어화를 기초로 논리성이 뒷받침된 작품창작에 힘쓰는데, 그의 작품이 지닌 가장 큰 장점은 바로 '보는 춤'이 아니라 '읽는 춤', 다시 말해 '읽혀지는 춤'이라는 점이다. 그의 작품을 세밀히 관찰해보면, 작품의 전개 방식이 문학적 구조와 같이 견고한 짜임새를 갖고 있다는 점을 알 수 있다. 작품의 막과 장, 장면의 동작과 단락, 문장, 단어 등 문학을 이루고 있는 요소와 마찬가지로 논리성을 전제로 구조적으로 짜임새 있게 체계화되어 있음을 발견하게 된다." 성기숙(1996)의 「전통·일상·현실·세계화, 의식의 열림과 확장-임학선론」 객석 참조.

36. 무용평론가 김영태는 『무용저널』(2000)에 발표한 "현대예술로써 한국춤 좌표 자리매김-임학선론"에서 "〈새다림〉(1983)에서 임학선의 태극구조를 보았다"라고 하며, 필자의 춤어법인 '필체·학체·궁체'가 작품 〈새다림〉에서부터 시작되었음을 언급한 바 있다.

37. 임학선(1999), 『여유와 극복의 춤 새김질』, 현대미학사, 103쪽 및 성균관대 무용학연구총서 『임학선 안무론』 151쪽 참조.

38. 임학선(1998), 「한국춤 동작의 기본구조와 원리-한성준류 춤에 근거한 태극구조의 기본춤 고안」, 한국무용연구회 제16집, 3쪽.

39. 임학선(1998), 「한국춤 동작의 기본구조와 원리-한성준류 춤에 근거한 태극구조의 기본춤 고안」, 한국무용연구회 제16집, 7쪽 참조.

40. 임학선(1998), 「춤표기법에 관한 연구 1_호흡표기법을 중심으로」, 대한무용학회 제23호, 3쪽.

41. 임학선(1997), 「명무 한성준의 춤구조 연구」, 한양대학교 박사학위논문, 138쪽.

42. 임학선(1999), 『여유와 극복의 춤 새김질』, 현대미학사, 103쪽 참조.

43. 임학선(1998), 『한국춤 동작의 기본구조와 원리-한성준류 춤에 근거한 태극구조기본춤 고안』, 한국무용연구 제16집 9~11쪽 참조.

44. 임태승(2005), 『중국철학의 흐름』, 학고방, 제3장 예악 참조.

45. 임현선(2006), 「호흡구조 분석을 통한 태평무 호흡표기법 연구」, 한양대학교 박사학위 논문, 16~17쪽.

46. 임태승(2020), 『동양미학개념사전』, B2출판사, 626쪽.

47. 임태승(2020), 『동양미학개념사전』, B2출판사, 330쪽 참조.

48. 임태승(2017), 『아름다움보다 더 아름다운 추함』, B2출판사, 174쪽.

49. 임학선(2011), 『문묘일무 예악사상』, 성균관대학교 출판부, 256쪽 참조.

50. 『周易·繫辭傳上』, "一陰一陽之謂道."

51. 임학선(2011), 『문묘일무 예악사상』, 성균관대학교 출판부, 37쪽 참조.

52. 임학선(2011), 『문묘일무의 예악사상』, 성균관대학교 출판부, 128쪽. 음양의 예의범절은 팔괘(八卦)의 순환원리에 따라 팔풍(八風)의 변화를 진퇴로 춤추게 된다. 필자는 "팔괘(八卦)·팔방(八方)·팔풍(八風)·팔음(八音)·팔일(八佾)"의 상관관계를 최초로 밝혔다.

53. 『書經』「虞書·皐陶謨」 "寬而栗, 柔而立, 愿而恭, 亂而敬, 擾而毅, 直而溫, 簡而廉, 剛而塞, 彊而義."

54. 김영은(2020), 「태극구조기본춤의 훈련체계와 교육철학적 가치 연구」, 성균관대학교 박사학위논문, 139쪽.

55. 임학선(2017), 『임학선 안무론』, 성균관대학교 유가예술문화콘텐츠연구소 무용학연구총서, 성균관대학교 출판부.

56. 『頖宮禮樂全書』(1656), 卷16, 559쪽 : 夫舞非徒象德也, 又有教焉.

57. 『中庸』, 20장, 君子不可以不修身.

58. 임학선의 『문묘일무 예악사상』(2011) 44쪽, 중국 북경무도학원학술지 「일무 시원고」(2014) 참조.

59. 임학선(2011), 『문묘일무 예악사상』, 성균관대학교 출판부, 36쪽.

60. 王羲之, 『題衛夫人筆陣圖後』, "夫欲書者, 先乾研墨, 凝神靜思, 豫想字形大小, 偃仰, 平直, 振動, 令筋脈相連, 意在筆前, 然後作字." 서예를 집대성한 왕희지는 "붓이 나가기에 앞서 미리 마음속에 상(象)이 짐작되어야 한다."고 말한다. "무릇 글씨를 쓰려고 하는 사람은 먼저 먹을 갈면서 정신을 모으고 생각을 조용히 하며 미리 자형의 크고 작음, 누운 것과 위로 향한 것, 평형하고 곧은 것, 떨치고 움직이는 것, 맥락을 서로 연결하는 것을 예상하여 뜻이 붓보다 앞에 있게 한 다음 글씨를 써야 한다."라 하였다.

61. 김영은(2021), 「태극구조기본춤의 훈련체계와 교육철학적 가치 연구」, 성균관대학교 박사학위논문, 148쪽 참조.

62. 論語, 「八佾」: 子謂韶盡美矣, 又盡善也. 謂武盡美矣, 未盡善也.

63. 임태승(2020), 『동양미학개념사전』, B2출판사, 604쪽.

64. 揚雄, 『法言』「問神」: "書, 心畫也."

65. 『禮記』: 樂者, 所以象德也. ; 天下大定, 然後正六律, 和五聲, 弦歌詩頌, 此之謂德音, 德音之謂樂. ; 德者, 性之端也, 樂者, 德之華也.

66. 임태승(2020), 『동양미학개념사전』, B2출판사, 517쪽.

67. 石濤, 『畫語錄』「一畫」: "見用於神, 藏用於人, 而世人不知."

68. 石濤, 『畫語錄』「一畫」: "一畫者, 衆有之本, 萬象之根."

69. 『論語』「里仁」: "吾道一以貫之."

70. 『論語』「學而」: 子曰: "學而時習之, 不亦說乎"

71. 『論語』「雍也」: "知之者不如好之者, 好之者不如樂之者."

72. 『論語』「雍也」: "質勝文則野, 文勝質則史." ("내면의 자질이 외면의 문채보다 지나치면 촌스럽고, 외면이 내면보다 지나치면 성실함이 부족해진다.")

73. 조민환(2014), 「동양예술에서의 도(道)와 예(藝)의 관계성」, 동양철학연구회 Vol.77, 311쪽.

74. 임태승(2017), 『아름다움보다 더 아름다운 추함』, B2출판사, 91∼95쪽 참조.

75. 임학선(1997), 「명무 한성준의 춤구조 연구」, 한양대학교 박사학위논문.

76. 임현선(2006), 「호흡구조 분석을 통한 태평무 호흡표기법 연구」, 한양대학교 박사학위 논문.

77. 박지선 · 임학선(2021), 「임학선호흡표기법 실용화 방안」, 한국무용연구, 제39권1호.

78. 임학선(1998), 「춤표기법에 관한 연구 1_호흡표기법을 중심으로」, 대한무용학회 제23호, 293쪽

79. 조선시대 세종이 음의 높이와 길이를 표시하기 위해 창안한 악보임.

참고문헌

고문헌

『周易』『禮記』『論語』『詩序』『書經』『大學』『中庸』

『闕里志』(1504)

『南雍志』(1544)

『頖宮禮樂全書』(1656)

『雅樂考』(1600년경)

『春官通考』(1788)

王羲之,『題衛夫人筆陣圖後』

揚雄,『法言』「問神」

石濤,『畵語錄』

朝鮮研究會(1918),『朝鮮美人寶鑑』

단행본

임학선 저(1999), 임학선 작가데뷔 20년 작품집 『여유와 극복의 춤 새김질』, 현대미학사.

임학선 저(2005), 『문묘일무보 도해』, 성균관대학교 출판부. "2006년 문화관광부 우수학술도서".

임학선 저(2006), 『문묘일무의 이해』, 성균관대학교 출판부.

임학선 저(2011), 『문묘일무의 예악사상』, 성균관대학교 출판부. "2012년 대한민국학술원 우수학술도서".

임학선 저(2017), 『임학선 안무론』,『임학선 작가론』,『임학선 춤평론』, 성균관대학교 유가예술문화콘텐츠연구소 무용학연구총서 Ⅱ~Ⅳ.

임학선 저(2019), 『문묘일무의 역사적 원형과 왜곡』, 성균관대학교 유가예술문화콘텐츠연구소 무용학연구총서 Ⅴ.

　　　　　　 "2020년 한국출판문화산업진흥원 세종도서 학술부문 수상도서".

임태승 저(2005), 『중국철학의 흐름』, 학고방.

임태승 저(2017), 『아름다움보다 더 아름다운 추함』, B2출판사.

임태승 저(2020), 『동양미학개념사전』, B2출판사.

박성희 저(2013), 『운명의 선택 3』「최승희」, 평양출판사.

석ㆍ박사학위 논문 외

임학선(1975), 「진오귀굿의 무당춤에 대한 고찰」, 이화여자대학교 석사학위논문.

임학선(1997), 「명무 한성준의 춤구조 연구」, 한양대학교 박사학위논문.

임학선(1998), 「춤표기법에 관한 연구1」, 대한무용학회 제23호.

임학선(1998), 「한국춤 동작의 기본구조와 원리- 한성준류 춤에 근거한 태극구조의 기본춤 고안」, 한국무용연구회 16.

임학선(2000), 「호흡표기법을 이용한 한국춤 분석사례 1 – 태극구조의 기본춤」 한국무용연구회.

임학선(2002), 「호흡표기법을 이용한 한국춤 구조분석 – 〈태극구조의 기본춤〉 중 "숨고르기"를 중심으로」 한국무용연구회.

임현선(2006), 「호흡구조 분석을 통한 태평무 호흡표기법 연구」 한양대학교 박사학위 논문.

김해금(2013), 「조선민족무용기본과 태극구조기본춤의 성격과 훈련체계 연구」 성균관대학교 박사학위논문.

조민환(2014), 「동양예술에서의 도(道)와 예(藝)의 관계성」 동양철학연구회 Vol.77.

임학선(2014), 「일무시원고」 중국 『북경무도학원학보』 01기 논문.

　　　　　 「일무시원고」 중국인민대학 최우수논문 선정 〈무대예술(舞台艺术)〉 2014 3기 논문.

조민환(2015), 「항목 서법아언에 나타난 진선진미적 서예미학사상」 성균관대학교 『유교사상문화연구』 제61호.

김영은(2020), 「태극구조기본춤의 훈련체계와 교육철학적 가치 연구」 성균관대학교 박사학위논문.

박지선 · 임학선(2021), 「임학선 호흡표기법 실용화 방안 연구」 『한국무용연구』 제39권 1호.

국내외 리뷰

박용구(1985), 제7회 대한민국무용제 〈인다리〉 『춤』 1985년 11월.

John Thompson(1990), 「Pioneers in Korean Modern Dance」 제13회 홍콩아시아예술제 책자.

Tom Boreak(1990), 「Korean dancers embody pure art」 홍콩 스탠다드 1990. 10. 31.

Dary Ries(1990), "제13회 홍콩아시아예술제", 홍콩 차이나 모닝 포스트 1990. 11. 1.

于海燕(1994), 「학걸음, 버들손이 우정을 전하다」 중국 신천 세계의 창에서 1994. 8. 24. 『여유와 극복의 춤 새김질』 참조.

성기숙(1996), 「전통 · 일상 · 현실 · 세계화, 의식의 열림과 확장–임학선론」 객석.

이상일(1999), 「무용기본법의 당위성과 임학선 춤의 태극구조」 『여유와 극복의 춤 새김질』 현대미학사.

김태원(1999), 「태극구조의 기본춤의 가치」 『공연과 리뷰』 11–12월호.

김태원(1999), 「오늘의 춤작가선」 『여유와 극복의 춤 새김질』 현대미학사.

김영태(2000), 「현대예술로써 한국춤 좌표 자리매김–임학선論」 2002. 12. 『무용저널』 제15호.

임태승(2020), 「일무연구의 총 결산이 갖는 의미와 과제」 『문묘일무의 역사적 원형과 왜곡』 서평, 『댄스포럼』 2020년 4월, 247호.

이상일(2021), 「세계무용역사 첫 장에 대한 연구와 문묘일무(佾舞) 왜곡 논쟁」

　　　　　 성균관대학교 유가예술문화콘텐츠연구소 제1차 무용학연구세미나 자료집.

태극구조기본춤 언론보도

"임학선 작가데뷔 20주년 기념공연(1998)" 일간지 언론보도.

Dance Magazine(USA).

춤, 공연과 리뷰, 댄스포럼 등 춤전문지 보도.

태극구조기본춤 워크숍

제3회 동양음악학 국제학술회의의 "동양무용과 무용정신" 워크샵
'한성준 춤의 구조' 「태극구조기본춤」 주제발표 및 시연
국립국악원 우면당 1998. 9. 2.

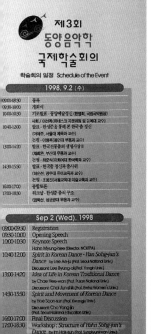

Basic Dance in the Taegeuk Structure

Choreography / Lim, Hak Sun
Music / Shin, Hye-Young & Edited / Hong, Dong-Ki
Premiere / Sep. 2, 1998 (Woomyon Hall, The National Classical Music Institute)

◆

This is a basic dance consisting of modern gestures, which has been developed in order to accept more widely and further develop Korean dance based on the basic principles of the Taegeuk(the Great Absolute) structure. it includes the theoretic base and systematic method of training for more effective dance education through a good understanding of the structure of Korean dance. It also enables traditional Korean dance movements and techniques to be used for creative dance.

Oracle/SAM TAYLOR

Hak Sun Lim, left, instructs Michelle Campbell and other dance majors in Traditional Korean Dance in the Dance Centre.

미국 사우스 플로리다 대학 무용학과 초청 〈태극구조기본춤〉 워크숍
사우스 플로리다 대학 무용학과 홀 2000. 3. 6~10.

Thank you for the ... inspiration and the ... easure ... Allena ... so much for an EXQUISITE EXPERIENCE! Martha Claughton

Thank you for sharing your beautiful movement with me. It was a sure

mazkum very ... uch for giving us this beautiful opportunity! Meghan

Thanks for sharing your art + culture. You are beautiful Michelle

Many thanks for introducing to us one of the most beautiful dance forms.

Thank U! Thank U! Thank U! This experience has been incredible! V. Aliza

Amanda Stride

Nak Sun,
You are a beautiful person, inside and out.
Thank you,
Dandra

Thank you soooo much. It's been fun & a wonderful learning experience. Sara Mastin

Delano Thank you for sharing your art with us. I've never seen anything that looks so alive on its own. You've been more of an influence on me then you will ever know.
Rita Turner

Thank you for sharing your life with us. Claudia

Thank you very much for an inspirational experience. Amanda.

Thank you for your Art. - Maria.

THE Beauty & Soul of Your Movement has greatly inspired Me.

미국 사우스 플로리다 대학 무용학과 학생들의 감사 메시지

REALLY ENJOYED YOUR CLASSES
THANK YOU SO MUCH FOR
OMING JODY
king class from you has

Thank you so much for bringing the dance and knowledge to us; I fo so honored to have had you as

프랑스 호아이오몽 문화재단 초청 유럽 안무가 대상 〈태극구조기본춤〉 특별 워크숍
호아이오몽 문화재단 스튜디오 2006. 10. 26~11. 4.

2016 임학선 인문 · 춤아카데미 〈태극구조기본춤〉 워크숍
두리춤터 2016. 6. 23.

2019 임학선 인문 · 춤 아카데미_임학선교수와 함께 하는 〈태 ⋯⋯ ⋯⋯⋯ 워크숍
두리춤터 2019. 3. 17.

2019 임학선 인문 · 춤 아카데미_임학선교수와 함께 하는 〈태극구조기본춤〉 워크숍
두리춤터 2019. 3. 17.

2019 임학선 인문 · 춤 아카데미_임학선교수와 함께 하는 〈태극구조기본춤〉 워크숍
두리춤터 2019. 3. 17.

2019 〈태극구조기본춤〉 학부모 대상 공개 쇼케이스
임학선교수와 함께 하는 〈태극구조기본춤〉 워크숍 후 학부모 참관 하에 공개 쇼케이스를 갖는 학생들
두리춤터 2019. 3. 30.

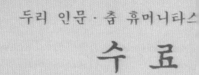

두리 인문·춤 휴머니타스

수 료

귀하는 2016 두리춤터에서 주최한
"태극구조 기본춤" 워크숍(2016년 7월 30
과 열정으로 성실히 참여하였기에 본 증서

2016년 7월 3

두리춤터 대표

임학선 인문·춤 아카데미_임학선교수와 함께 하는
〈태극구조기본춤〉 워크숍 수료증을 받은 학생들
두리춤터 2016. 7. 31.

임학선 교수 정년퇴임 축하 메시지
스승의 가르침인 "춤은 수신이다"를 외치는 성균관대 무용학과 학생들
성균관 명륜당 뜰에서 2016. 2. 18.

성균관대학교 무용학연구총서 VI

호흡표기법으로 배우는 태극구조기본춤

초판 1쇄 인쇄 2023년 11월 24일
초판 1쇄 발행 2023년 11월 30일

지은이 임학선
펴낸이 유지범
펴낸곳 성균관대학교 출판부
책임편집 신철호
표지디자인 임학선
편집디자인 이승은
무보사진 프로덕션티엠
마케팅 박정수 김지현

등록 1973년 5월 21일 제 1975-9호
주소 03063 서울특별시 종로구 성균관로 25-2
대표전화 02)760-1253~4
팩스밀리 02)762-7452
홈페이지 press.skku.edu

© 2023, 임학선

ISBN 979-11-5550-606-6 93680
     979-11-5550-257-0(세트)